Michael Möhring

Naumburg

nach einer wahren Begebenheit

ISBN-13: 978-1517032067

ISBN-10: 1517032067

Eine lange Nacht

Klötze ist eine Kleinstadt in der Altmark, die heute zu Sachsen-Anhalt zählt und zu DDR[1]-Zeiten eine Kreisstadt war. In den 70er Jahren war man dort stolz auf das neu gebaute Halbleiterwerk, welches vielen Bürgern einen Arbeitsplatz bot, besaß eine bekannte Weinkellerei und auch heute noch verfügt der Ort über große Anbauflächen für Obst. Während meiner Schulzeit verdiente ich mir dort in den Ferien oft mit Obstpflücken mein Taschengeld. Klötze ist umgeben von Wald, und nur etwa 15 km westlich lag die damalige Staatsgrenze zu Westdeutschland.

Es war das Jahr 1976 und ich hatte gerade die Schule beendet. Meine Eltern bemühten sich redlich, für mich eine Lehrstelle zu finden, denn ich war in der Abschlußprüfung im Fach Literatur durchgefallen, weil ich mich weigerte, die Pflichtbücher so zu rezensieren, wie es von mir verlangt wurde. Als Folge davon erhielt ich nicht den Abschluß der 10. Klasse der »Polytechnischen Oberschule«, sondern nur den der 9. Klasse.

Das war in zweierlei Hinsicht ziemlich ärgerlich. Zum einen hatte ich alle anderen Prüfungen bereits bestanden, zum anderen war ich in unserer Schulklasse mit Abstand derjenige, der zu dieser Zeit die meisten Bücher las. Nicht selten war ich bis tief in die Nacht hinein in ein Buch vertieft und kam morgens oft mit dunklen Augenrändern zum Unterricht.

Dabei gab ich mir redlich Mühe, Kriegsbücher wie »Nackt unter Wölfen« oder »Wie der Stahl gehärtet wurde« zu lesen. Jedoch ertappte ich mich nach ein paar Seiten immer dabei, wie ich mit den Gedanken irgendwo war, nur nicht beim Stoff des Buches. Nach einer halben Stunde gab ich meist auf, denn ich hätte nicht sagen können, was ich gerade gelesen hatte. Meine Abneigung gegenüber Kriegsliteratur war zu groß.

---

[1] Deutsche Demokratische Republik

Während des letzten Schuljahres hatte ich die Filme zu beiden Büchern gesehen und war deswegen nicht völlig unvorbereitet zur Prüfung gegangen. Mein Problem war, daß mit dem Stoff des Buches auch die politische Einstellung getestet wurde. So war beispielsweise die Antwort auf die Frage, welche Parteien sich in »Nackt unter Wölfen« gegenüberstanden nicht »Häftlinge und Nazis«, sondern »Menschen und Unmenschen«. Nach einigen ähnlich vermeintlich falschen Antworten ließ man mich durchfallen. Auch bei der Nachprüfung lief es nicht besser.

Nachdem ich also die Abschlußprüfung in Deutsch vergeigt hatte, war es dann nicht mehr so leicht, eine Lehrstelle zu finden. In Greifswald wurden meine Eltern schließlich fündig.

So fuhr ich in der Nacht zum 1. September 1976 von Klötze in das rund 250 km entfernte Greifswald, um im Kernkraftwerk Lubmin eine Lehre als Baufacharbeiter zu beginnen. Am frühen Morgen sollte im dortigen Bahnhofs-Restaurant die Begrüßung aller Schulabgänger stattfinden, die im Kernkraftwerk eine Lehre beginnen wollten. Dieses Kernkraftwerk ging 1974 in Betrieb und galt nun, zwei Jahre später, als Vorzeigewerk der DDR.

Der Bahnhof von Greifswald glich jedem anderen Bahnhof, den ich bisher kennengelernt hatte. Er war grau, laut und dreckig. Wie üblich waren Polizisten zu sehen, um die man besser einen großen Bogen machte, wollte man nicht von ihnen belästigt werden. Derartige Ausweichmanöver kannte ich bereits zur Genüge. In Klötze konnte ich als Mopedfahrer darauf wetten, angehalten und kontrolliert zu werden, wenn ich an umherschlendernde Polizisten vorbeifuhr. Sah ich sie von weitem, nahm ich lieber einen Umweg in Kauf, als gestoppt zu werden und deren wichtigtuerische Fragen nach meinem Ausweis, der Fahrerlaubnis oder wo ich hinwolle zu beantworten. Sie zeigten nur allzugern, welche Macht sie hatten. Da spielte es keine Rolle, in welcher Stadt man sich befand. Die Polizisten waren in der DDR überall gleich.

Als ich das Restaurant betrat, war es bereits gut gefüllt. Die Begrüßung der zukünftigen Lehrlinge erfolgte durch eine Vertretung der Leitung des Kernkraftwerkes und begann pünktlich. Ich stellte mich mit meinem Koffer etwas außerhalb der Menschenmenge und musterte die Lehrlinge. Die meisten waren mit zumindest einem Elternteil gekommen und waren, wie ich später erfuhr, aus der unmittelbaren Umgebung. Lehrlinge, die von so weit angereist waren wie ich, gab es eher selten.

Nach der allgemeinen Eröffnung wurden die Namen aller Neuankömmlinge aufgerufen und einem Lehrausbilder zugewiesen. So bildeten sich nach und nach mittelgroße Gruppen, die jeweils ein eigenes Lehrlingskollektiv bilden sollten. Ausgebildet wurde in zahlreichen Richtungen wie Maler, Schweißer, Schlosser, Elektriker oder eben Baufacharbeiter.

Irgendwann wurde auch mein Name aufgerufen. Ich ging mit meinem Koffern nach vorn zum Redner und wurde dort einem Kollektiv zugeteilt, welches aus zwölf Lehrlingen bestand. Die meisten von ihnen kannten sich gegenseitig und unterhielten sich bereits angeregt, als ich zu ihnen stieß. Mich beachtete man kaum, und obwohl ich mir etwas verloren vorkam, war ich ganz froh darüber.

Nachdem alle Lehrlinge eingeteilt waren, verließen immer mehr Gruppen den Saal.

Unserer Gruppe stand ein Mann mittleren Alters vor, der sich als unser Ausbilder vorstellte und uns erklärte, wie es nun weiterging. Wir und zwei weitere Gruppen sollten noch am selben Tag für eine sechswöchige vormilitärische Ausbildung in ein Lager außerhalb Greifswalds gebracht werden. Es war ein Schock für mich, denn mit allem hatte ich gerechnet, nur nicht, daß statt einer Lehre erst einmal militärischer Drill und politische Schulungen meinen Tagesablauf bestimmen sollten. Zwar wußte ich, daß eine vormilitärische Ausbildung zur Lehrzeit gehörte, jeder Lehrling in der DDR mußte in seiner Lehrzeit zweimal diese sechs Wochen durchlaufen, daß sie jedoch so überraschend kam, übertraf meine schlimmsten Befürchtungen. Insgeheim hatte ich die Hoffnung gehegt, die Lehre abbrechen zu können, denn der Beruf des Maurers war weder interessant für mich, noch hatte ich dazu die körperliche Statur, und auf diese Weise die vormilitärische Ausbildung zu umgehen.

Das war ein Irrtum. Kurze Zeit später brachte uns ein Bus ins Ausbildungslager.

Im Wehrerziehungslager

Das Lager lag zwischen Feld und Wald, war umzäunt, beinhaltete zwei Baracken und ein zweistöckiges Backsteinhaus. Gleich nach der Ankunft ging es auch schon los mit dem militärisch strengen Ton der Ausbilder. Noch mit den Koffern in der Hand hatten sich alle auf dem Appellplatz vor den Baracken aufzustellen, wo nach einer kurzen Ansprache und der Unterweisung, wie wir uns im Lager zu verhalten haben, unsere Namen vorgelesen wurden.

Jeder der aufgerufenen Lehrlinge bekam ein Zimmer in einer der beiden Baracken zugewiesen, auf dem er mit drei weiteren Lehrlingen die nächsten sechs Wochen wohnen sollte. Am Ende des Appells durften wir abtreten und bekamen zwanzig Minuten Zeit, um die Zimmer aufzusuchen und den Inhalt unserer Koffer in die Schränke zu verstauen. Anschließend sollten wir uns wieder in Reih und Glied auf dem Appellplatz einfinden.

In jedem dieser Zimmer standen vier Holzbetten, auf deren Brettern, die als Ersatz für einen Lattenrost dienten, jeweils eine dreiteilige blaue Matratze lag. In der Mitte des Raumes stand ein Tisch mit vier Holzhockern und an den Wänden für jeden ein kleiner Schrank für die persönlichen Besitztümer. Alles mußte schnell gehen, und so suchte sich jeder einen Schlafplatz aus und verstaute seinen Kofferinhalt in den Spind. Von diesem Zeitpunkt an bekamen wir keine ruhige Minute mehr, diese Hektik sollte die ganzen sechs Wochen andauern.

Zum ersten Mal kam ich mit meinen neuen Kollegen ins Gespräch. Alle nahmen die kommende Zeit ziemlich gelassen. Es wird durchgezogen und fertig. Mir dagegen war es schon immer ein Greuel, mit fremden Menschen zusammenzuleben. Deshalb schreckte mich auch die kommende Zeit im Internat ab. Im Gegensatz zu meinen drei Mitbewohnern hatte ich auch etwas gegen Befehlston und Marschieren. Alles Militärische lehnte ich ab, wobei noch nicht einmal pazifistische Gründe vorlagen. Ich war nur nicht der Typ dafür und hätte Gründe gefunden, die Lehre gar nicht erst anzutreten oder irgendwie verspätet anzufangen, hätte ich gewußt, was gleich zu Beginn auf mich zukam.

Ich belegte das obere Bett auf der rechten Seite, verstaute meinen Kofferinhalt notdürftig in einem der Schränke und ging, nachdem auf dem Flur ein lauter Pfiff mit einer Trillerpfeife zu vernehmen war, mit den anderen wieder zum Appellplatz. Hier bekamen wir zu hören, was als nächstes geplant war. Zunächst sollte es zur Kleiderkammer gehen, wo wir unsere Uniformen, Decken, Kopfkissen und blauweiß karierte Bettwäsche bekamen. Wieder im Barackenzimmer verschwand nun auch unsere Zivilkleidung in den Schränken und ich steckte das erste Mal in meinem Leben in einer Uniform.

Mehr und mehr spürte ich Müdigkeit, die sich durch Schwindel bemerkbar machte. Die letzte Nacht hatte ich nicht schlafen können und war nun seit über 24 Stunden auf den Beinen. Meine Zimmergenossen kamen allesamt aus der unmittelbaren Umgebung und waren in deutlich besserer Verfassung. Sie waren ausgeschlafen und neugierig auf das, was kommen wird.

Noch vor dem Mittagessen ging es hinaus aufs Feld, und wir mußten dort den ersten Drill über uns ergehen lassen. Zuerst regte sich leichter Widerstand, denn viele wollten nach dem Durcheinander in Greifswald und all den neuen Eindrücken im Lager erst einmal zur Ruhe kommen. Doch unser Ausbilder blieb hart, und so blieb uns nichts anderes übrig, als zu gehorchen und die Tortur über uns ergehen zu lassen. Auf dem Feld wurde marschiert, sich in Reihen aufgestellt, gerobbt, gelaufen, stillgestanden. Der Ausbilder, der uns über das Feld scheuchte, war später auch für unsere Ausbildung auf dem Bau zuständig.

Nach zwei Stunden war der Spuk vorerst vorbei und wir marschierten zurück in die Zimmer, um unsere Sachen zu ordnen und das Bett zu beziehen. Dreißig Minuten später ermahnte uns wieder die Trillerpfeife, in einer Reihe auf dem Flur der Baracke Aufstellung zu nehmen. Es war Mittagszeit. Zu jeder Mahlzeit marschierten wir, ein aus der Schulzeit gelerntes Kampflied aus dem letzten Weltkrieg singend, zum Speisesaal: *»Auf, auf zum Kampf, zum Kampf! Zum Kampf sind wir geboren ...«*. Am Tisch hinsetzen durften wir uns erst, nachdem der Befehl dazu kam.

In diesem Lager wurden wir in allem ausgebildet, was die Armee auch für normale Soldaten zu bieten hatte. Den einen Tag übten wir marschieren, an einem anderen waren Schießübungen an der Reihe. Wir robbten über Felder und Waldwege, gruben uns im Wald mit einem Feldspaten ein, gehorchten Befehlen, standen bei Appellen still und wurden nachts wegen Probealarm aus den Betten geholt. Zum nächtlichen Wachdienst, der jeweils für zwei Lehrlinge zwei Stunden dauerte, bekamen wir munitionslose Luftgewehre. Unser Einwand, damit bei einer reellen Gefahr nichts ausrichten zu können, begegneten die Ausbilder mit der Bemerkung, allein der Anblick einer Waffe würde den Gegner in die Flucht schlagen.

Mir fielen diese sechs Wochen unsagbar schwer und ich spürte dort einmal mehr, ich war nicht für den Armeedienst geschaffen. Alles war mir zuwider: der Befehlston, das Marschieren, die politischen Schulungen, der Lärm auf dem Zimmer und im Flur. Dazu kam meine Ablehnung gegen alles, was mit Militär zu tun hatte, und ich wollte die DDR weder verteidigen, noch mein Leben für sie einsetzen.

Nachdem unsere Wehrerziehung vorüber war und wir das Lager geräumt hatten, waren andere Lehrlingskollektive an der Reihe. Ich war froh, als der Spuk vorläufig sein Ende fand.

Stahlbrode

Mitte Oktober fing schließlich die eigentliche Lehre an. Sie begann auf einer Baustelle an einer Chaussee zwischen den Ortschaften Stahlbrode und Reinberg, etwa 20 km nördlich von Greifswald.

Das Haus, an welchem wir zusammen mit einer anderen Lehrgruppe das Bauhandwerk erlernen sollten, stand schon mit seinen vier Außenwänden. Unsere Aufgabe sollte es sein, die Innenwände hochzumauern. Auf der gegenüberliegenden Chausseeseite lag unsere Baracke, wo wir nachts alle in einem großen Zimmer in den zehn zweistöckigen Betten schliefen.

Nach der Arbeit war es schwer, die Zeit totzuschlagen. Der kleine Fußballplatz war durch Regen meist überschwemmt und fiel als Freizeitbeschäftigung aus. Und weil dann nur noch der Fernsehraum übrigblieb, liefen wir abends in die gut einen Kilometer entfernte Ortschaft Stahlbrode, wo sich eine Gaststätte befand. Bier trinken wurde zu unserem liebsten Hobby. Besonders deprimierend war es an den Wochenenden. Fast alle Lehrlinge, die in der Nähe wohnten, fuhren nach Hause. Diejenigen, die das nicht konnten oder wollten, ließen sich an einer Hand abzählen.

Meist fuhr ich dann nach Greifswald, weil die Stadt mehr Abwechslung bot und sich dort die Zeit leichter totschlagen ließ. Nach Klötze zu fahren war nicht nur zu aufwendig für mich, sondern auch viel zu teuer. Von dem Lehrgeld konnte ich mir keine großen Sprünge erlauben, zumal ein Großteil des Geldes für Bier draufging.

Eine schicksalhafte Bekanntschaft

Als ich gerade Vorbereitungen traf, den Abend eines dieser langweiligen Wochenenden totzuschlagen, ging die Tür der Baracke auf und herein kam ein Junge, den ich von der Baustelle her kannte, der jedoch nicht direkt mit mir zusammenarbeitete. Er war etwas kleiner als ich, hatte blonde, für diese Zeit etwas zu kurze Haare und blaue Augen. Bisher hatten wir kaum miteinander gesprochen, doch er machte auf mich einen vertrauenswürdigen Eindruck. Viele Lehrlingskollegen waren Angeber, prügelten sich gerne oder prahlten mit ihren Taten, die meist ihrer Phantasie entsprangen. Von dem Typen vor mir wußte ich bereits, daß er nicht so war. Maurer war anscheinend ebenso wenig sein Traumberuf, wie es bei mir der Fall war. Zudem war er zu klein und zu schmächtig, um auf Dauer die schwere Arbeit auf dem Bau bewältigen zu können. »Kommst du mit?«, fragte er.

»Wohin?«

Er grinste: »Sicher nicht auf eins der freien Felder rings umher. In die Kneipe natürlich!«

»Ja. Warum eigentlich nicht? Es ist ja sonst nichts los.«

Von meinen 80,-- Mark Lehrlingsgeld hätte ich mir 200 Gläser Bier kaufen können. Ich nahm mein Portemonnaie und stiefelte mit ihm die Landstraße in Richtung Gaststätte entlang.

»Du kommst auch nicht von hier, oder?«

Er schüttelte den Kopf. »Zerbst.«

»Ich wohne in etwa genauso weit weg. Aber das Kaff wird dir nichts sagen. Irgendwo nördlich von Magdeburg.«

»Und warum hier oben die Lehre?«

»Bei mir in der Umgebung gab es ausbildungsmäßig nichts für mich. Ich bin durch die Abschlußprüfung gefallen, und habe deshalb nur den Abschluß der 9. Klasse. So bin ich halt hier gelandet. Und du?«

»Ich wollte weg von zu Hause.«

»Ärger?«

»Ich wollte einfach nur weg.«

Die Kneipe war wie immer gut besucht. Wir holten an der Theke zwei Bier und setzten uns an einen freien Tisch. Anfangs drehte sich unser Gespräch noch über die Arbeit, doch im Laufe des Abends begann er, mir von seiner Vorstrafe wegen versuchter Flucht nach Westdeutschland zu erzählen. Das erstaunte mich, denn er war gerade erst 17 Jahre alt geworden. Zu dieser Zeit hatte ich zwar hin und wieder an einen Fluchtversuch in Richtung Westdeutschland gedacht, aber bisher blieb es bei dem Gedanken. Diese mißglückte Flucht brachte ihm den Verlust seines Personalausweises ein, und er bekam stattdessen einen sogenannten *PM 12*[2], ein zweiseitiger Ausweis, der ihn als vorbestrafte Person brandmarkte. Als er davon sprach, was bei seiner ersten Flucht alles schiefgegangen war, stieg in mir die Hoffnung auf, in ihm einen Menschen gefunden zu haben, der genug Erfahrung für eine erfolgreiche Flucht nach Westdeutschland besaß.

Ein schwerer Fehler, wie ich Wochen später feststellen mußte.

Im Laufe der nächsten Tage trafen wir uns immer öfter nach Feierabend. Unsere Gespräche drehten sich dabei fast ausschließlich um den Westen. Auf der Landstraße konnten wir sicher sein, von niemandem belauscht zu werden.

Der Gedanke, die DDR mittels Flucht in den Westen zu verlassen, setzte sich durch unsere Gespräche immer mehr in meinem Kopf fest.

---

[2] behelfsmäßiger Personalausweis für straffällig gewordene Bürger mit eingeschränkter Aufenthaltserlaubnis

Wenn ich schon am Anfang meines Berufslebens stehe, warum dann nicht ein Leben in Westdeutschland beginnen?

Bei den Gesprächen mit Bernd-Ulrich, so hieß der junge Mann, wurden aus kleinen Andeutungen bald konkrete Vorhaben: Wir planten einen Fluchtversuch. Bei der ersten Verurteilung hatte Bernd-Ulrich eine Bewährungsstrafe bekommen. Würde er erneut erwischt werden, würde es mit Sicherheit härter für ihn ausgehen. Die Flucht durfte also nicht mißglücken.

Ein Weg über die Grenze der DDR erschien uns zu gefährlich und so beschlossen wir, über die ČSSR nach Westdeutschland zu gelangen. Leider wußten wir sehr wenig über dieses Land und noch weniger über die dortigen Grenzanlagen. Alles waren nur Vermutungen, jedoch nahmen wir an, der Weg über die ČSSR sei einfacher als die Flucht über die Grenze der DDR. Wir konnten uns nur schwer vorstellen, daß die Staatsgrenze in anderen Ländern genauso scharf bewacht wurde, wie es in der DDR der Fall war.

»Und du würdest hier niemanden vermissen?«, fragte ich.

Zwar wußte ich mittlerweile, daß Bernd-Ulrich kaum überbrückbare Probleme mit seinen Eltern hatte, trotzdem hätte er jemanden vermissen können. Nach einer Flucht würden selbst Besuche in der DDR nicht mehr möglich sein.

»Nein, niemanden. Du?«

»Meine Mutter und mein Stiefvater sind froh, daß ich aus dem Haus bin. Ob ich nun irgendwo in der DDR wohne oder drüben im Westen, dürfte ihnen egal sein. Und von meinen Freunden bin ich jetzt schon getrennt. Irgendwann schläft das sowieso ein.«

»Und was willst du drüben machen?«

»Irgend etwas mit Musik, denke ich. Wie ist es bei dir?«

»Weiß noch nicht. Da wird sich schon etwas finden.«

»Und du hast keine Angst, noch einmal erwischt zu werden?«

»Doch, ein bißchen schon. Das wäre echt übel.«

»Und wieso?«

»Weil ich dann garantiert in den Bau gehe.«

»Ins Gefängnis? Quatsch doch nicht!«

»Doch, so würde es dann kommen.«

»Die würden dich doch nicht einsperren!«

»Und ob die das machen würden!«

»Jetzt höre auf, mir solchen Stuß zu erzählen! Verbrecher sperrt man ein. Außerdem bist du noch nicht einmal volljährig. Warst du schon mal im Knast? Nein? Wie willst du dann wissen, ob man dich deswegen einsperren würde?«

»Du hättest sehen sollen, wie die sich angestellt hatten, als sie mich das erste Mal geschnappt haben!«

»Und da haben sie dich auch nicht eingesperrt, oder?«

»Nur, weil ich Glück hatte.«

»Und diesmal werden wir beide das Glück haben, gar nicht erst erwischt zu werden. Wenn wir es gut genug planen, dürfte kaum etwas schiefgehen. Das haben schon ganz andere geschafft.«

»Und wann soll es deiner Meinung nach losgehen?«

»Alt will ich hier nicht werden. Ich habe die erste vormilitärische Ausbildung hinter mir. Wenn der zweite Teil losgeht, will ich eigentlich nicht mehr hier sein. Am liebsten wäre es mir, es ginge so bald wie möglich los.«

Wir kamen zwar zu keinem Ergebnis, wann und wo unsere Flucht stattfinden soll, jedoch hatte ich das Gefühl, auf dem richtigen Weg zu sein. Ich sah eine Möglichkeit, irgendwo anders mein Leben aufzubauen. Die letzten Wochen hatten mir bestätigt, daß ich nicht das geringste

Interesse für den Bauberuf aufbringen konnte. Und eine Lehre, die besser zu mir paßt, würde ich nicht bekommen. In der DDR galten diesbezüglich strenge Regeln. Sogar um Elektriker zu werden, hätte mein Zeugnis besser sein müssen. Bestenfalls hätte ich noch Maler lernen können, vorausgesetzt, ich hätte eine entsprechende Lehre bekommen.

Die erste Flucht

Ein paar Wochen später trennten sich unsere Wege, denn ich mußte zum praktischen Unterricht ins Internat nach Greifswald. Bernd-Ulrich blieb auf der Baustelle. Sein Unterricht sollte zu einer anderen Zeit beginnen. Da es zu jener Zeit kein Telefon gab, und wir in Stahlbrode auch keine Postadresse hatten, sahen und hörten wir vorerst nichts mehr voneinander.

Die Zeit in Greifswald war weitaus angenehmer. In Stahlbrode fuhren die Ausbilder zum Feierabend nach Hause und die Lehrlinge waren in der Baracke sich selbst überlassen. Dann bestimmten Rangeleien, Diebstähle oder gar Zerstörungswut häufig die Abende. Im Internat Greifswald, wo die Zimmer nur vier Betten hatten und alle Kollektive durcheinandergewürfelt waren, ging es wesentlich gesitteter zu. Dort war es nicht so, daß es in der Nacht gänzlich an Aufsehern fehlte, die für Ruhe und Ordnung sorgen konnten.

Der Unterricht fiel mir schwer, weil mich der Stoff nicht interessierte, deshalb schweifte ich oft mit den Gedanken ab. Trotzdem war es gut, den Tag auf einem Stuhl zu verbringen, statt auf dem Bau bei harter Arbeit. In meiner Freizeit streunte ich gerne durch die Stadt. Oft mit anderen Lehrlingen des Internats. Am Wochenende war ich oft von früh morgens bis spät abends unterwegs. Das Essen, was im Internat geboten wurde, war nicht selten ungenießbar. Dort sah ich zum ersten Mal eine riesige Pfanne, die voller Fettstücke war, was den Lehrlingen als Fleisch angeboten wurde. Irgendwann ging ich gar nicht mehr in den Speisesaal und kaufte mir beim Bäcker lieber ein oder zwei trockene Brötchen.

Obwohl die Abwechslungen und Angebote der Stadt groß waren, reichte mein Lehrgeld bestenfalls für bessere Stadtbesichtigungen. Das trübte aber meine Stimmung nicht. Mir gefiel es, durch die Stadt zu streifen. Allerdings mußte ich spätestens um 22 Uhr wieder im Internat sein, wollte ich es nicht verschlossen vorfinden.

Mitte November war die Zeit der Theorie vorbei und ich kehrte wieder nach Stahlbrode zurück. Das Wetter wurde draußen, und somit auch während der Arbeit, immer ungemütlicher. Hat die Arbeit im Spätsommer schon keinen Spaß gemacht, so war es jetzt noch schlimmer.

Die Gespräche mit Bernd-Ulrich gingen bald weiter, denn nichts sprach dafür, erst die Lehre zu beenden und dann erst eine Flucht zu versuchen. Wir beschlossen, noch im selben Jahr die DDR zu verlassen. Anfang Dezember hielten wir den Termin für gekommen. Am Wochenende zuvor war jeder von uns noch einmal nach Hause gefahren. Bernd-Ulrich wollte noch ein paar Differenzen mit seinen Eltern klären, ich schlug mir mit der Heimreise die Zeit tot.

Am Abend des 6. Dezembers 1976, zwei Tage vor meinem 18. Geburtstag, trafen wir uns auf dem Bahnhof in Greifswald und nahmen den Zug in Richtung Süden. Die einzigen Fluchtvorbereitungen bestanden darin, genügend Geld und Proviant mitzunehmen und eine Zeit auszuwählen, wo wir von den Lehrausbildern nicht sofort vermißt wurden. Unser erstes Ziel war der Bahnhof von Johanngeorgenstadt, nicht weit entfernt von der tschechischen Grenze. Dort wollten wir den Zug verlassen und die Flucht zu Fuß fortsetzen, denn wegen des vorläufigen Personalausweises von Bernd-Ulrich war eine Fahrt bis in die ČSSR nicht möglich.

Am späten Abend bestiegen wir den Zug und versuchten in der Nacht abwechselnd wenigstens ein paar Stunden zu schlafen, was uns jedoch nur mäßig gelang. Immer wieder nahm ich den Atlas hervor und überlegte, wo wir in der ČSSR die Grenze nach Westdeutschland überwinden könnten. Der Atlas gab keinerlei Informationen über das Grenzgebiet der ČSSR her, und so zeichnete ich wahllos dort, wo sich keine größeren Städte in der Nähe der Grenze befanden und wo die Gegend bewaldet zu sein schien, mit Bleistift und Lineal zwei mögliche Fluchtwege ein. Bernd-Ulrich sah, wenn er nicht versuchte zu schlafen, zum Fenster hinaus in die Nacht. So zog sich die Zeit hin, bis wir schließlich den vorletzten Bahnhof erreichten. Der nächste Halt war in Johanngeorgenstadt. Dort mußten wir aussteigen und die Flucht zu Fuß fortsetzen.

Ich stieß Bernd-Ulrich an.

»Was ist los?«, fragte er mich.

»Es ist gerade ein Polizist in den Waggon gekommen.«

Bernd-Ulrich drehte sich um und sah den Mann in Uniform. Er ging langsam durch das Abteil, sah sich die Mitfahrenden an und kam mit jedem Schritt näher auf uns zu, bis er schließlich vor uns stehenblieb.

»Wo fahren Sie hin?«, sprach er uns grußlos an.

Ich sah Bernd-Ulrich an und er mich. *Wir hätten uns auf derartige Fragen vorbereiten sollen.* Jeder weiß, daß derartige Kontrollen bei Jugendlichen, auch ohne einen besonderen Grund, üblich waren.

»Wir wollen jemanden besuchen …«, kam es von Bernd-Ulrich.

»Wen?«

»Einen Cousin«, antwortete er nach leichtem Zögern.

»Und wo wohnt dieser Cousin?«

Wieder sah mich Bernd-Ulrich an und ich ihn, sagten aber nichts.

»Kann ich mal Ihre Ausweispapiere sehen?«

Wir wühlten in unseren Taschen und gaben sie ihm, ohne ein Wort zu sagen.

Er sah sie sich an und meinte: »Sie müssen doch wissen, wo Ihr Cousin wohnt!«, sagte aber nichts bezüglich des PM 12 von Bernd-Ulrich.

»Ich weiß wo, aber nicht, wie die Straße heißt«, entfuhr es meinem Partner.

Der Zugpolizist sah von einem zum anderen, gab uns wortlos die Ausweise zurück und verließ das Abteil, ohne noch ein Wort zu sagen. Uns war klar, wie auffällig wir uns benommen hatten, und konnten nicht ausschließen, daß wir von nun an unter Beobachtung standen. Wir hielten es deshalb für ratsam, die Flucht abzubrechen und in Johanngeorgenstadt den nächsten Zug zurück nach Greifswald zu nehmen.

Auf dem Bahnhof in Johanngeorgenstadt

Doch zum Abbruch der Flucht war es bereits zu spät. Als der Zug einige Zeit später in den Bahnhof einrollte, sahen wir auf dem Bahnsteig eine kleine Gruppe Männer. Sie waren in Zivil, aber uns war klar, daß sie dort wegen uns standen. Sonst befand sich kaum jemand auf dem Bahnsteig.

Es war verdammt leichtsinnig, bis zur letzten Zughaltestelle vor der Grenze zu fahren. Wären wir nur eine Station früher ausgestiegen und zu Fuß weitergegangen, dann hätten wir es zumindest bis in die ČSSR geschafft, fluchte ich innerlich. *Die Grenze der DDR zur ČSSR war kaum gesichert und es hätte uns keine Mühe bereitet, sie in der Dunkelheit zu überwinden.*

Als der Zug hielt und wir ausstiegen, kamen die Männer auf uns zu. Einer von ihnen forderte uns auf, »zur Klärung eines Sachverhaltes« mit auf das Polizeirevier zu kommen. Bernd-Ulrich und ich wurden sofort getrennt.

Auf einer Polizeidienststelle sperrte man uns in zwei kleine, nebeneinanderliegende Zellen im Keller des Gebäudes. Sie hatten keine Fenster und außer einer Holzpritsche, auf der ein Kopfkissen und eine dünne Decke lagen, war die Zelle leer. Wir konnten uns zwar unterhalten, sagten aber nichts. Ich konnte mir gut vorstellen, wie sich Bernd-Ulrich jetzt fühlte. Wegen seiner Vorstrafe ahnte er sicher, wie schlimm es diesmal für ihn ausgehen könnte. Doch wir waren schlau genug, jetzt kein Wort über unser Vorhaben zu verlieren, denn es war anzunehmen, daß wir belauscht wurden.

In unseren Koffern waren noch eine Mettwurst und ein Kuchen, die uns ein Polizist gab. Wir gingen sehr sparsam damit um, denn wir wußten nicht, wie lange sich die Sache hinziehen würde. Bis zum Abend würde es aber reichen, und dann könnten wir uns auf der Rückfahrt etwas kaufen.

Langsam wurde mir die Zeit lang und ich fragte mich, warum man uns überhaupt so lange warten ließ. Nach ein paar Stunden in der Zelle wurde Bernd-Ulrich abgeholt.

Erkläre denen, daß wir in den nächsten Zug nach Greifswald steigen wollten. Wir hatten nicht vor, lange in Johanngeorgenstadt zu bleiben, dachte ich, als er verschwunden war.

Noch bevor Bernd-Ulrich wiederkam, wurde ich abgeholt.

Endlich tut sich hier etwas.

Ich wurde in einen großen Raum geführt, wo an einem Tisch, der sich in der Mitte des Raumes befand, zwei Polizisten standen. Nur einer davon war in Uniform. Auf dem Tisch war bereits der Inhalt meines Koffers ausgebreitet. Ich sollte mich an den Tisch setzen, einer der Polizisten setzte sich mir gegenüber. An seinen Schulterstücken sah ich, daß es sich um einen hochrangigen Polizisten handelte. Er widmete seine Aufmerksamkeit zwei Seiten aus meinem Atlas, die bereits herausgetrennt waren und meine Einzeichnungen zeigten. Ab diesem Zeitpunkt war mir klar, daß Leugnen nicht viel Sinn hatte. Die Striche gingen von Johanngeorgenstadt über die tschechische Grenze und Prag bis hin zur Grenze im Westen des Landes. Sie waren eindeutig als Route zu erkennen, und wir befanden uns bei der Festnahme auf dieser Route.

Er fragte mich, was diese Striche zu bedeuten hatten. Ich sagte nichts. *Es wäre genug Zeit gewesen, die Atlasseiten verschwinden zu lassen, als der Zugpolizist weggegangen war, doch mir fehlte damals vollkommen die Erfahrung.* Noch nie war ich mit dem Gesetz in Konflikt geraten. Ich wußte nicht viel über Festnahmen, Durchsuchungen oder Verhören.

»Sie wollten in die BRD[3]!«

Noch immer sagte ich nichts, spürte aber, wie mir die Röte hochstieg.

»Wollten Sie das?«

»Wir wollten von Johanngeorgenstadt wieder nach Greifswald zurückfahren. Wir wollten nicht in den Westen.«

Er schob die Atlasseiten zu mir herüber und tippte mit dem Zeigefinger auf die Bleistiftstriche. »Und was bedeutet das? Das ist doch eine Wegstrecke! Oder wollen Sie mir etwas anderes erzählen?«

Ich starrte auf die Atlasseiten.

»Antworten Sie! Sie wollten in die BRD! Das ist doch hier deutlich zu sehen.«

»Wir wollten zurück nach Greifswald.«

»Erzählen Sie mir nichts! Was sollen die Striche sonst bedeuten?«

Ja, was sollten sie bedeuten? Abstreiten hatte keinen Sinn. Man hatte uns erwischt. Da konnte ich dem Mann erzählen, was ich wollte. Aber es war noch nichts passiert. Außerdem hatten wir wirklich vor, zurück nach Greifswald zu fahren. Und so gab ich zu, daß die Flucht der anfängliche Plan war, wir es uns aber anders überlegt hatten.

---

[3] Bundesrepublik Deutschland

Als ich wieder in der Zelle war, machte ich mir wegen dieser Einzeichnungen große Vorwürfe und teilte Bernd-Ulrich mit, wie die Sache stand. Es sah nicht gut aus für uns. Auf der einen Seite war der Atlas mit meinen Bleistiftlinien, auf der anderen Seite Bernd-Ulrichs vorläufiger Personalausweis. Zudem konnten wir keinen vernünftigen Grund für die Fahrt nach Johanngeorgenstadt vorweisen. Doch wir hatten noch nichts Verbotenes getan, und so hielten sich meine Befürchtungen in Grenzen. Außerdem könnte ich sagen, ich habe mir noch nie etwas zuschulden kommen lassen. Das Schlimmste, was mir die Polizei dann vorwerfen konnte, war die geplante Flucht. Doch hier sprach für mich, daß wir das Gebiet der DDR noch nicht verlassen hatten, ja noch nicht einmal in der Nähe der Grenze waren. Außerdem hatten wir vor, in Johanngeorgenstadt zurück nach Greifswald zu fahren. Der Schreck, den ich durch die Verhaftung bekam, wird die Polizei für einen ausreichenden Denkzettel ansehen. Deshalb war meine größte Sorge, wie meine Eltern oder der Lehrbetrieb reagieren würden, wenn sie erfahren, daß ich festgenommen wurde. Ich ging nicht davon aus, daß ich diesen Vorfall verheimlichen konnte. Ganz sicher wird die Polizei alle informieren.

Nach diesen Gedankengängen fragte ich Bernd-Ulrich, ob er der Meinung ist, diese Flucht könnte ernsthafte Konsequenzen haben. In Greifswald war mir gar nicht in den Sinn gekommen, daß unser Vorhaben mißglücken könnte und sprach deshalb nie mit ihm über mögliche Folgen.

»Es wird zur Gerichtsverhandlung kommen.«

»Du meinst, man stellt dich noch einmal vor Gericht?«

»Nicht nur mich, uns beide.«

»Wieso mich? Weil ich mit dem Zug gefahren bin?«

»Weil du nach dem Westen abhauen wolltest.«

»*Wolltest*, ja. Aber ich habe es nicht getan, noch nicht einmal versucht. Und du auch nicht. Außerdem wollten wir von Johanngeorgenstadt wieder zurück.«

»Das hat nichts zu sagen.«

»Und wieso nicht, bitte schön? Ich wollte in Johanngeorgenstadt den Zug zurücknehmen. So wie du auch. Was ist daran strafbar? Die paar Bleistiftstriche in einem Atlas? Dafür kommt man vor Gericht? *Wegen ein paar Strichen im Atlas?* Blödsinn!«

»Es war ein Versuch, und schon der Versuch ist strafbar.«

»Wo haben wir denn etwas versucht? Kannst du mir das mal erklären? Wir waren ja noch nicht einmal in der Nähe irgendeiner Grenze. Also haben wir auch nichts versucht. Wenn ich zur Kaufhalle gehen will, in der Absicht, etwas zu stehlen, gehe dann aber ganz woanders hin, war das dann bereits ein Versuch, etwas zu stehlen? Ganz sicher nicht!«

Bernd-Ulrich blieb bei seiner Meinung und machte mir klar, daß es zu einer Gerichtsverhandlung kommen wird, ob ich das nun glaube, oder nicht. Und sie wird wahrscheinlich in Greifswald, unserem jetzigen Wohnort stattfinden.

Das wäre mir zwar recht, denn dort kannte mich kaum jemand. Zumindest in meiner Heimatstadt Klötze würde dann niemand von meiner Verhaftung erfahren. Das wäre mir peinlich gewesen. Doch ich glaubte ihm noch immer nicht. Mit einer Gerichtsverhandlung würde die Staatsmacht sich lächerlich machen. *»Angeklagter, ich verurteile Sie, weil sie mit dem Zug in Richtung Süden gefahren sind und zu Beginn der Fahrt vorhatten, in den Westen abzuhauen.«* – das klang einfach unsinnig.

Bernd-Ulrich jedoch legte nach und sagte, daß ich eine Bewährungsstrafe bekommen würde. Eine Gefängnisstrafe für mich schloß er wegen der geringen Schuld aus.

»Die lassen uns spätestens heute abend, allerspätestens morgen früh wieder laufen. Du wirst sehen.« Damit war die Sache für mich erledigt. Ich wollte nichts mehr hören von Gefängnis und Gericht. Bernd-Ulrich hielt die DDR scheinbar für einen Staat in Mittelamerika. Vieles ist hier nicht in Ordnung, aber daß man so mir nichts dir nichts Leute einsperrt, daß konnte mir keiner erzählen. Für etwas, was man nicht getan hat, wird man auch nicht bestraft. Wäre es so, hätte ich sicher schon davon gehört.

Trotzdem hinterließen Bernd-Ulrichs Worte ein ungutes Gefühl in mir. Er war einfach nicht der Mensch, der sich mit Sprüchen wichtig machen wollte. War er überängstlich und wollte er diese Angst auf mich übertragen? War es das? Redete er sich etwas ein, weil er bereits das zweite Mal in so einer Situation steckte? Woher wollte er denn wissen, wie die Sache ausgeht?

Nein, man wird unsere Ausbilder Bescheid geben, die werden uns gehörig den Kopf waschen und das war es dann. Unsere Idee war einfach dumm. Irgendwie werde ich die Lehre schon schaffen, und dann werde ich weitersehen. Im ungünstigsten Fall werde ich hier einige Tage festgehalten und der Lehrbetrieb und meine Eltern würden benachrichtigt werden.

Es wurde Abend, und es geschah nichts. Das bedeutete für mich, man würde uns erst morgen wieder laufenlassen.

Ich saß auf dem Rand der Pritsche und überlegte, wie ich auf die Fragen reagieren werde, die mir meine Eltern oder der Lehrbetrieb stellen werden. Was sollte ich antworten auf die Frage, warum ich abhauen wollte? Ich konnte nicht sagen, daß ich es in der DDR blöd fand, denn das würde weitere Fragen nach sich ziehen. Am besten wäre, es einfach auf eine fixe Idee zu schieben, mich dafür zu entschuldigen und dann zu hoffen, daß möglichst schnell Gras über die Sache wächst.

Vor dem Haftrichter

Tags darauf wurden wir früh geweckt. Wir hatten beide die Nacht zuvor wenig geschlafen, und waren deshalb abends in unseren Zellen, trotz aller Grübeleien, schnell eingeschlafen.

Kurz nachdem der Wärter weg war, hörte ich die Stimme meines Leidensgenossen: »Michael?«

»Ja?«

»Herzlichen Glückwunsch zum Geburtstag!«

Mir wurde schmerzlich bewußt, daß ich heute 18 Jahre alt wurde. Volljährig.

»Danke. Was ich mir wünsche, weißt du sicherlich.«

»Träum‘ weiter, du kommst heute nicht raus!«

Ich hatte keine Lust, die Streitereien vom Vortag weiterzuführen, und so hob ich meine Sachen vom Boden auf, zog mich an und aß ein Stück von unserem Reiseproviant. Es war klug, damit sparsam umzugehen, denn von der Polizei hatten wir noch nichts bekommen.

Am frühen Vormittag wurden wir nacheinander aus der Zelle geholt. Diesmal ging es nicht zum Verhör, sondern in einen kleinen Raum, in dessen Mitte quer ein Tisch stand. Dahinter saß ein älterer, mürrisch dreinblickender Herr, und seitlich links hinter ihm stand eine junge Frau und hielt einen Notizblock in der Hand. Vor dem Tisch des Mannes stand ein Stuhl und ich wurde angewiesen, dort Platz zu nehmen. Kurz darauf machte mir der Mann klar, daß er der Haftrichter sei und darüber entscheiden werde, ob er einen Haftbefehl gegen mich ausstellen wird.

Noch ist also nichts verloren, dachte ich. *Ich werde dem Mann jetzt erklären, wie sich die Sache abgespielt hat, und dann wird der Spuk hoffentlich ein Ende haben.*

Doch der Mann wollte nur sehr wenig von mir wissen. Er ließ sich meinen Namen, das Geburtsdatum und andere Fakten bestätigen, las die Anschuldigung vor, stellte mir ein paar Fragen zu dem Vorwurf, nach »der BRD« abhauen zu wollen, die ich so beantwortete, wie ich es tags zuvor bei dem Polizisten tat, und unterschrieb den vor ihn liegenden und bereits ausgefüllten Haftbefehl. Als er damit fertig war, schob er ihn zu mir herüber und forderte mich auf, ihn zu unterschreiben.

Ich war wie gelähmt. *Man hatte mich tatsächlich verhaftet! Träume ich? Sollte Bernd-Ulrich doch recht haben?*, schoß es mir durch den Kopf. *Was nun? Es bedeutet nichts anderes, als daß ich hierbleiben muß. Und wer weiß, wie lange sich die Sache hinziehen wird.* Nun war es sicher, daß ich die Angelegenheit vor meinen Eltern und Kollegen nicht verheimlichen könnte.

Als ich zurückgeführt wurde und dabei an Bernd-Ulrichs Zelle vorbeikam, bemerkte er meine deprimierte Stimmung, doch er ersparte sich jeden Kommentar. Er wußte, wie ich mich jetzt fühlte.

»Was nun?«, fragte ich ihn, als der Polizist, der mich gebracht hatte, wieder verschwunden war.

»Untersuchungshaft.«

»Wir bleiben nicht hier?«

»Nein.«

»Also geht es in den Knast?«

»Nein, in Untersuchungshaft.«

»Und was ist der Unterschied?«

»Dort sitzt du und wartest auf deine Verhandlung.«

»Und wie lange wird das dauern?«

»Drei, vier Monate. Vielleicht länger.«

Ich wagte es nicht, erneut seine Worte anzuzweifeln. *Warum, zum Geier, haben wir das vor der Flucht nicht besprochen?*

»Und wie, meinst du, wird es ausgehen?«

»Dich werden sie nach der Verhandlung laufenlassen, du bist ja bei der Flucht noch Jugendlicher gewesen. Mich sperrt man mit Sicherheit eine Weile ein.«

Abermals widersprach ich ihm nicht.

Mir bereitete der Gedanke an die Untersuchungshaft Kopfzerbrechen. Ich hatte keine Vorstellung darüber, wie es in einem Gefängnis der DDR zuging, und kannte auch niemanden, der schon einmal eingesperrt war. Alles, was ich über Gefängnisse wußte, stammte aus historischen Büchern oder alten Filmen, und das hatte in mir keinen guten Eindruck hinterlassen.

Gegen Mittag wurden wir mit der grünen Minna[4] in die 40 Kilometer nordwestlich gelegene Untersuchungshaftanstalt Zwickau gefahren. Unsere restlichen Nahrungsmittel, mit denen wir so sparsam umgegangen waren, wanderten in den Mülleimer. Ich bedauerte, nicht mehr davon gegessen zu haben.

Während der Fahrt konnte ich Bernd-Ulrich ein letztes Mal sprechen. Viel zu sagen gab es nicht. Es war sinnlos, die Angelegenheit irgendwie zu unseren Gunsten verbiegen zu wollen. Wir konnten nur hoffen, daß die Sache trotz allem glimpflich für uns ausgeht.

Ich sollte Bernd-Ulrich erst in der Untersuchungshaftanstalt Stendal und einige Monate später vor Gericht wiedersehen.

---

[4] Grünes Auto für den Gefangenentransport ohne Fenster, jedoch mit Luftschlitzen. Dieser Begriff wurde seit Mitte des 19. Jahrhunderts gebraucht, als die Gefängniswagen noch von Pferden gezogen wurden.

Der Staatsanwalt

des Kreises Schwarzenberg

Az.: 3 – 1o3/76 P/K
(Im Antwortschreiben anzugeben)

Herrn
Eberhard B a r t h und
Frau Ingeborg

358 K l ö t z e
Öbisfelder Str. 44

Betr.-Nr. 9477802 8

Ruf: Amt Schwarzenberg
Nr. 3222

Bermsgrüner Straße 5

943 Schwarzenberg,

Ihre Zeichen	Ihre Nachricht vom	Mein Zeichen	8.12.1976

Betr.:

Ich teile Ihnen mit, daß Ihr/~~Ihre~~ Sohn

M ö h r i n g , Michael, geb. am 8.12.1958

heute auf Beschluß des Kreisgerichtes Schwarzenberg in Untersuchungshaft genommen wurde. Gegen ihn/~~sie~~ wurde ein Ermittlungsverfahren wegen des dringenden Verdachts begangener strafbarer Handlungen eingeleitet. Er/~~sie~~ befindet sich in der Untersuchungshaftanstalt

95 Zwickau, Schillerstr. 2

und wird nach Ablauf der Rechtsmittelfrist (1 Woche) in die für seinen/~~ihren~~ Wohnsitz zuständige Untersuchungshaftanstalt verlegt.
Nach § 3o5 fg. StPO i.V. mit § 284 Abs. 2 StPO haben Sie als gesetzl. Vertreter das Recht der Beschwerde gegen den Erlaß des Haftbefehls. Die Beschwerde ist binnen einer Woche bei dem Gericht, von dem der Beschluß erlassen ist, zu Protokoll der Rechtsantragsstelle oder schriftlich durch den Betroffenen

b.w.

Kq G 003 76

oder einen Rechtsanwalt einzulegen.

Nach Ablauf der Rechtsmittelfrist werden die Haft- und Ermittlungsunterlagen an den für den Wohnsitz zuständigen Staatsanwalt des Kreises übersandt bzw. abgegeben, der das Verfahren weiter bearbeitet.
Bei irgendwelchen Fragen können Sie sich innerhalb der Rechtsmittelfrist an den Staatsanwalt des Kreises Schwarzenberg, 943 Schwarzenberg, Bermsgrüner Str. 5 bzw. nach Ablauf der Rechtsmittelfrist an den für den Wohnsitz zuständigen Staatsanwalt des Kreises mündlich oder schriftlich wenden.

(Pache)

Der Staatsanwalt
des Kreises Schwarzenberg
Bermsgrüner Straße 5
Aktenzeichen: 3 – 103/76 P/K

Herrn
Eberhard B a r t h und
Frau Ingeburg
358 K l ö t z e
Oebisfelder Straße 44
943 Schwarzenberg, 08.12.1976

Betrifft:

Ich teile Ihnen mit, daß Ihr Sohn

M ö h r i n g, Michael, geboren am 08.12.1958

heute auf Beschluß des Kreisgerichts Schwarzenberg in Untersuchungshaft genommen wurde. Gegen ihn wurde ein Ermittlungsverfahren wegen des dringenden Verdachts begangener strafbarer Handlungen eingeleitet. Er befindet sich in der Untersuchungshaftanstalt

95 Zwickau, Schillerstraße 2

und wird nach Ablauf der Rechtsmittelfrist (1 Woche) in die für seinen Wohnsitz zuständige Untersuchungshaftanstalt verlegt.

Nach § 305 fg. StPO[i] [5] in Verbindung mit § 284 Absatz 2 StPO[ii] haben Sie als gesetzliche Vertreter das Recht der Beschwerde gegen den Erlaß des Haftbefehls. Die Beschwerde ist binnen einer Woche bei dem Gericht, von dem der Beschluß erlassen ist, zu Protokoll der Rechtsantragsstelle oder schriftlich durch den Betroffenen oder einen Rechtsanwalt einzulegen.

---

[5] Strafprozeßordnung

Nach Ablauf der Rechtsmittelfrist werden die Haft- und Ermittlungsunterlagen an den für den Wohnsitz zuständigen Staatsanwalt des Kreises übersandt bzw. abgegeben, der das Verfahren weiter bearbeitet.

Bei irgendwelchen Fragen können Sie sich innerhalb der Rechtsmittelfrist an den Staatsanwalt des Kreises Schwarzenberg, 943 Schwarzenberg, Bermsgrüner Straße 5 bzw. nach Ablauf der Rechtsmittelfrist an den für den Wohnsitz zuständigen Staatsanwalt des Kreises mündlich oder schriftlich wenden.

(Unterschrift)
(Pache)

Hinter Schloß und Riegel

Die Untersuchungshaftanstalt in Zwickau war groß und laut. Als erstes fielen mir die vielen uniformierten Wärter, die verriegelten Türen und vergitterten Fenster auf. So hatte ich es schon einmal im Fernsehen gesehen, damals empfand ich dafür allerdings kein allzu großes Interesse. Nun war es für mich bittere Wirklichkeit geworden.

Das Gebäude war mehrere Stockwerke hoch. Die Treppen zu den Etagen befanden sich in der Mitte, und zwischen den Etagen war Maschendraht gespannt, so daß kein Gefangener in Suizidabsicht vom oberen Stockwerk herunterspringen konnte.

Nach einer Leibesvisitation wurde ich nackt in eine Stehzelle gesperrt. Sie bestand aus Holz, war nicht viel größer als einen Quadratmeter und an den Innenwänden waren Namen und Paragraphen eingeritzt. Immer wieder stieß ich auf das Wort *»R-Flucht«* und hielt es für eine Möglichkeit, aus der Untersuchungshaftanstalt zu fliehen. Obwohl ich mir den Kopf darüber zerbrach, wofür das »R« stehen könnte, fiel mir nichts ein.

Es dauerte eine gefühlte Ewigkeit, ehe ich wieder aus dieser Stehzelle herausgelassen wurde.

In der Zwischenzeit hatten zwei Wärter meine Kleidung und meinen Koffer durchsucht. Ich durfte mich wieder anziehen und wurde zur Effektenkammer geführt, wo alle Gegenstände verwahrt wurden, die ich während der Flucht bei mir hatte. Behalten durfte ich nur meine Waschsachen und was ich an Kleidung am Leib trug. Meine Armbanduhr, meine Halskette, private Bilder, Schreibsachen, es war alles verboten und blieb in der Effektenkammer unter Verschluß.

Ich bekam Bettzeug, zwei Decken und Plastikgeschirr. Den Erhalt mußte ich mit meiner Unterschrift bestätigen. Anschließend brachte mich ein Wärter zu meiner Zelle in den zweiten Stock. Es fiel mir schwer, ihm mit den Sachen in meinen Armen zu folgen, denn man hatte mir auch den Gürtel und die Schnürsenkel weggenommen.

Der Wärter hatte andere Sorgen. Ihm störte meine Schwierigkeit, seinen sächsischen Dialekt zu verstehen und daß ich die Sitten und Regeln des Hauses nicht kannte. Vor der Zelle herrschte er mich an, ich solle mich neben der Tür mit dem Gesicht zur Wand stellen. Das tat ich und rührte mich nicht, bis er die Zelle aufgeschlossen hatte.

Von drinnen hörte ich einen Häftling sagen: »Verwahrraum 263 mit drei Inhaftierten belegt. Keine besonderen Vorkommnisse.«

Nachdem der Wärter die Meldung abgenommen hatte, wandte er sich wieder zu mir und winkte mit dem Kopf ungeduldig in Richtung Zelle: »Gehn's nei, gehn's nei«.

Ich tat es und war froh, als sich die Zellentür krachend hinter mir schloß.

Die Zelle war verqualmt und recht dunkel. Das Fenster gegenüber der Zellentür war etwa einen Meter breit und nur wenige Dezimeter hoch. Ringsum war es in Glasbausteinen gefaßt. Hinter der Scheibe war eine Metallblende, die, zusammen mit den Glasbausteinen, Blicke nach draußen unmöglich machen sollten. Alles ließ nur wenig Licht und frische Luft herein.

Die drei Häftlinge, alle älter als ich, musterten mich.

»Das erste Mal eingesperrt, was?«, fragte der Älteste unter ihnen.

Er war freundlich und sah mich eher mitfühlend an. Auch die anderen beiden machten einen netten Eindruck.

Ich nickte verlegen.

»Wegen was bist du denn hier?«

»Ich wollte in den Westen abhauen.«

Nach diesen Worten herrschte allgemeine Heiterkeit, die allerdings keine Unhöflichkeit ausdrückte.

»Da bist du nicht der einzige, deswegen sind viele hier«, sagte ein anderer. Er war vielleicht zehn oder fünfzehn Jahre älter als ich. Der dritte Häftling war in seinem Alter. Der Stubenälteste hatte die 50 wohl schon lange überschritten.

»Deswegen sind viele hier?« Ich kannte keinen, der die gleiche Idee hatte, wie Bernd-Ulrich und ich, und schon gar keinen, der es mal probiert hätte, in den Westen abzuhauen oder davon sprach, es irgendwann einmal tun zu wollen.

Ich faßte schnell Vertrauen zu den drei Mitgefangenen und sie erklärten mir, wie ich mich in der U-Haft [6]verhalten muß, um nicht bei den Wärtern aufzufallen. Meine erste Aufgabe bestand darin, die Dienstgrade der Wärter auswendig zu lernen. Später erfuhr ich von ihnen, daß *»R-Flucht«* die Kurzform von Republikflucht sei, dem Delikt, weswegen ich eingesperrt war. Die armen Teufel, die in der Stehzelle das Wort *R-Flucht* eingeritzt hatten, wollten also ebenfalls in den Westen verschwinden, und ihre Flucht endete hier in der Untersuchungshaftanstalt.

---

[6] Untersuchungshaft

Ausfertigung

Das Kreis- gericht Klötze

Aktenzeichen: R 95/76

Klötze, den 14.12.1976

Beschluß

In der Strafsache

gegen Michael Möhring, geb. am 8. 12. 1958

wegen vers. unges. Grenzübertritts

wird die auf Anordnung des Staatsanwaltes am 13. 12. 1976 durchgeführte Durchsuchung der Räume der Eltern des Beschuldigten xxxxxxxxxxxxxxxxxxxxxxxxxxxxxxxxxxxxxx unter Ziffer xxxxxxxxxxxxde gemäß § 121 StPO richterlich bestätigt, da sie sachlich berechtigt war und die Art und Weise ihrer Durchführung dem Gesetz entsprach.

Gegen diesen Beschluß ist die Beschwerde zulässig. Sie ist innerhalb einer Woche nach Zustellung des Beschlusses beim unterzeichneten Gericht zu Protokoll der Rechtsantragstelle oder schriftlich durch den Betroffenen oder einen Rechtsanwalt einzulegen.

Ausgefertigt:
Klötze, den 14. 12. 1976

Sekretär

gez. Hey Richter
Kreisgerichtsdirektor

*) Nichtzutreffendes streichen

Best.-Nr. 220 14 (neu) Beschluß über richterliche Bestätigung von Durchsuchungen/Beschlagnahmen* (§ 121 StPO)

Vordruckbetrieb Demos Osterwieck Ag 305-74-DDR-1139-120,0 IV-27-11 204

<u>Ausfertigung</u>

Klötze, den 14.12.1976

Das Kreisgericht Klötze
Aktenzeichen R 95/76

Beschluß

In der Strafsache gegen Michael Möhring, geboren am 08.12.1958

wegen versuchten ungesetzlichen Grenzübertritts

wird die auf Anordnung des Staatsanwaltes am 13.12.1976 durchgeführte Durchsuchung der Räume der Eltern des Beschuldigten gemäß § 121 StPO[iii] richterlich bestätigt, da sie sachlich berechtigt war und die Art und Weise ihrer Durchführung dem Gesetz entsprach.

Gegen diesen Beschluß ist die Beschwerde zulässig. Sie ist innerhalb einer Woche nach Zustellung des Beschlusses beim unterzeichneten Gericht zu Protokoll der Rechtsantragstelle oder schriftlich durch den Betroffenen oder einen Rechtsanwalt einzulegen.

Ausgefertigt:
Klötze, den 14.12.1976

(Unterschrift)
gezeichnet Hey
Kreisgerichtsdirektor
(Unterschrift)
Sekretär

In den folgenden Tagen mußte ich viele neue Wörter und Redewendungen lernen. So war ich nicht in einer Zelle, sondern in einem Verwahrraum eingesperrt. Die Wärter waren mit dem Dienstgrad anzureden und ich wollte nicht »in den Westen abhauen«, sondern war wegen »versuchten illegalen Grenzübertritts« inhaftiert, und obwohl wir den ganzen Tag eingeschlossen waren, hieß die abendliche Zählung »Einschluß«.

Anfangs fiel es mir schwer, alle neuen Wörter anzuwenden und mir die Dienstgrade zu merken. Der Zellenälteste machte zwar jedesmal eine Meldung, wenn die Tür geöffnet wurde und nannte dabei den Dienstgrad des Wärters, der vor ihm stand, doch nützte mir das nichts, denn nur der Zellenälteste sah den Wärter. Alle anderen Gefangenen mußten wie abgerichtete Hunde von den Hockern aufspringen und sich mit dem Gesicht zum Fenster und dem Rücken zur Tür stellen. Ich empfand das als äußerst erniedrigend. Gespräche mit den Wärtern führte grundsätzlich der Zellenälteste. Umdrehen durften sich die anderen Häftlinge nur, wenn der Wärter sie direkt ansprach, zu den Mahlzeiten oder wenn Medizin verteilt wurde.

Wagte es doch jemand, zu gucken, was sich an der Tür abspielte, kam sofort ein barsches: »Drehen Sie sich um!« vom Wärter.

Der erste Brief an meine Eltern

Es war mir außerordentlich peinlich, auf die Toilette zu gehen, während die drei anderen Gefangenen direkt danebensaßen und dabei zusehen konnten. Intimsphäre gab es in der Zelle nicht einmal ansatzweise. Verrichtete jemand sein Geschäft auf der Toilette, mußte er immer wieder spülen, damit es nicht zu sehr zu üblen Gerüchen kam. Das kleine Fenster stand zwar offen, nur wehte durch die Verblendung kaum frische Luft herein.

Bereits am zweiten Tag wurden mir die Haare kurzgeschoren. Sich dagegen zu wehren war zwecklos. Auf den Haarschnitt selbst wurde dabei kaum geachtet. Wichtig war es der Anstaltsleitung nur, daß die Haare kurz waren. Dementsprechend sahen die Frisuren der Untersuchungshäftlinge auch aus. Es wurde nicht ausrasiert, nicht begradigt und nicht auf den individuellen Haarwuchs geachtet. Es wurde nur geschnitten, und das ziemlich kurz. Um den Job des Friseurs in der Anstalt ausführen zu können, bedurfte es keiner diesbezüglichen Ausbildung. Es reichte, wenn der von den Wärtern zum Friseur ernannte Häftling mit der Schere umgehen konnte. In den 70er Jahren wurden Armeeangehörige oder ehemalige Häftlinge leicht auf der Straße erkannt, denn kurze Haare waren bei jungen Menschen zu dieser Zeit ungewöhnlich.

Nach ein paar Tagen bekam ich Schreiberlaubnis. Mir wurde gestattet, *einer* Person außerhalb des Gefängnisses zu schreiben. Ich mußte nicht lange überlegen, wem ich schreiben wollte, und entschied mich für meine Eltern. Sie würden mir am besten helfen können. Der erste Brief fiel mir schwer und ich war mir nicht sicher, ob meine Eltern schon über meine Verhaftung informiert wurden.

Erster Dezemberbrief '76

Liebe Eltern!

Wie Ihr wahrscheinlich schon mitbekommen habt, bin ich zur Zeit in Zwickau in Untersuchungshaft. Man klagt mich wegen versuchten ungesetzlichen Grenzübertritts an. Es wird zur Gerichtsverhandlung kommen, die höchstwahrscheinlich im Bezirk Magdeburg, vielleicht aber auch im Kreis Klötze durchgeführt wird.

Ich hoffe, es geht Euch gut und Ihr habt Weihnachten schön verbracht.

Im Januar oder Februar wird meine Verhandlung sein. Hoffentlich kommt Ihr gut ins neue Jahr und macht Euch keine Sorgen um mich! Es wird schon alles gutgehen. Ich werde mich jetzt schweren Herzens auf das neue Jahr vorbereiten. Aber ich bin optimistisch. Es wird wohl nicht so schlimm werden.

Ich wünsche Euch noch einen guten Rutsch und viel Glück im neuen Jahr.

Grüßt alle von mir!
Euer Michael

Ein paar Tage später wurde ich in eine andere Zelle verlegt. Auch diese Zellengenossen waren angenehm im Umgang. Dieses Mal waren alle in meinem Alter, was jedoch nicht der Grund für die Verlegung war. Es war üblich, Häftlinge alle paar Tage zu verlegen. Wahrscheinlich sollten damit Freundschaften verhindert werden.

Um fünf Uhr wurden alle Häftlinge geweckt. Ich war morgens immer wie benommen, denn die Sorgen ließen mich abends kaum in den Schlaf kommen. Auch ließ nachts der Krach in der Haftanstalt nie ganz nach. Irgendwo lärmte immer ein Häftling, wurde eine schwere Zellentür zugeschlagen und klirrend verschlossen und verriegelt, laut geredet, oder das Licht in der Zelle zur Kontrolle der Häftlinge angeschaltet. An ein Durchschlafen war überhaupt nicht zu denken.

Kurz nach dem Wecken hatten wir uns zur Zählung aufzustellen. Zu dieser Zeit mußte der Bettenbau fertig, und die Häftlinge gewaschen und angezogen sein. Nach der Zählung trat bis zum Frühstück gegen 7 Uhr wieder Ruhe ein. Diese Zeit nutzten wir, um uns noch einmal aufs Ohr zu legen. Zwar war das verboten, doch erwischt wurden wir dabei nicht. Die Wärter hatten Wachablösung und deshalb etwas anderes zu tun, als uns zu kontrollieren.

Bald lernte ich die Regeln und Tricks im Gefängnis kennen: Kleidungsstücke tauschten gegen Zigaretten oder Tabak den Besitzer, die Kanalisation der Toiletten wurde für die Kommunikation mit anderen Zellen genutzt, Zigaretten wurden aus Tabak und kleinen Tüten aus Zeitungsstreifen gedreht, und Löffelstiele am Gemäuer geschliffen, denn Messer waren verboten.

Tagsüber auf dem Bett liegen war ebenfalls streng verboten. Wurde ein Gefangener dabei ertappt, konnte es im schlimmsten Fall ein paar Tage Arrest geben, was sich dann negativ bei der Beurteilung vor Gericht auswirkte. Mit der Zeit schulte sich unser Gehör dermaßen, daß wir sogar im Schlaf die Schritte der Wärter draußen auf dem Flur hörten. Beim kleinsten Geräusch sprangen wir aus den Betten und noch im Halbschlaf zogen wir die Bettdecke gerade, um keine Spuren zu hinterlassen. Hier erwies es sich als Vorteil, mit dem Gesicht zum Fenster stehen zu müssen, wenn die Tür geöffnet wurde. Die Wärter hätten leicht an unseren Gesichtern erkennen können, daß wir geschlafen hatten.

Manche Wärter nutzten dieses Verbot zu ihrer persönlichen Belustigung. Sie schlichen sich an die Zellentür, sahen durch den Spion, und während sie den Riegel aufrissen erfreuten sie sich daran, wie die Gefangenen erschreckt aus den Betten sprangen. Meist war es den Wärtern damit getan und nur selten machten diese Sorte Wärter wirklich die Tür auf und maßregelte uns.

In Zwickau hörte ich das erste Mal von der Möglichkeit, mittels Ausreiseantrag über das Gefängnis Karl-Marx-Stadt in den Westen zu gelangen, jedoch hielt ich so einen Antrag in meinem Fall nicht für ratsam. Erstens rechnete ich nicht damit, ins Gefängnis zu müssen, zweitens könnte ein solcher Antrag verheerende Folgen vor Gericht haben. Zudem war meine Lust gebremst, weitere Versuche zu unternehmen, um in den Westen zu kommen.

Verlegung in einen anderen Trakt

Nach einer weiteren Woche wurde ich gefragt, ob ich bereit wäre zu arbeiten. Ich willigte ein, weil die Tage in der Zelle kaum vergingen. Durch etwas Beschäftigung erhoffte ich, der Langeweile wenigstens teilweise entfliehen zu können.

Man verlegte mich noch am selben Tag in einen anderen Anstaltstrakt. Auch meine neue Zelle hatte vier Betten. Ein Doppelstockbett stand unter dem Fenster, das andere an der rechten Zellenwand. Neben zwei gleichaltrigen Zellengenossen, wovon einer ebenfalls wegen Republikflucht eingesperrt war, gab es einen älteren, etwa fünfunddreißigjährigen Mann, der durch seine hochtrabenden Geschichten, die er uns erzählte, schnell eine Führungsrolle in der Zelle einnahm. Er erzählte oft von seiner Arbeit als Artist und beschrieb uns in den schillerndsten Farben seine Erlebnisse. Ganz besonders stolz war er auf seinen Nappaleder-Anzug, den er für die Auftritte in der Manege anzog. Außer einem Blatt Papier, welches er auf der Nase jonglierte, zeigte er uns allerdings nichts, was die Tätigkeit als Artist irgendwie bewies.

Der ältere Mann und ich schliefen in den unteren Betten, er quer unter dem Fenster, ich seitlich an der Wand, die beiden jungen Leute schliefen in den oberen Betten.

Die Arbeitsstelle lag direkt vor der Zelle. Etwa zehn bis fünfzehn Gefangene saßen sich dort vor einer Art Bügelbrett gegenüber und wendeten mit Hilfe dieses Brettes noch ungefärbte Damenstrümpfe von der linken auf die rechte Seite. Lohn gab es für die Arbeit kaum, dafür etwas mehr zu essen.

Schnell merkte ich, daß durch diese stumpfsinnige Arbeit die Zeit auch nicht schneller verging. Zwar hatte ich mehr Gesprächspartner, aber das, was mich interessierte, was meinen Fall betraf, darüber erfuhr ich so gut wie nichts.

Wir arbeiteten nur in einer Schicht, am späten Nachmittag ging es wieder zurück in die Zellen. Hier warteten wir dann auf das Abendbrot und den Einschluß. Ein paar Stunden später schalteten die Wärter das Licht aus, und nur die Hofscheinwerfer, die ab und zu durch die Glasbausteine in die Zelle leuchteten, blieben als einzige Lichtquelle übrig.

Nachts trockneten wir heimlich unsere Sachen auf der Heizung, die wir tagsüber - natürlich verbotenerweise - im Waschbecken mit kaltem Wasser und Seife gewaschen hatten. Die Heizung war sehr klein, weshalb nur immer ein Gefangener seine Sachen trocknen konnte. Ich war froh, nach dieser Verfahrensweise wenigstens halbwegs saubere Sachen anziehen zu können, denn seit meiner Verhaftung hatte ich dieselbe Hose, dasselbe Hemd, dieselben Strümpfe und dieselbe Unterwäsche an. Zwar hatte ich noch Wäsche zum Wechseln in meinem Koffer, doch der war in den Effekten unter Verschluß. Nachfragen, an diese Wäsche heranzukommen, wurden mit der Begründung abgelehnt, ich könnte auch Kleidung von der Haftanstalt bekommen.

Ein nächtlicher Zwischenfall

Eines nachts, nicht lange, nachdem das Licht ausging, spürte ich die Hand des Zellenältesten an meinem Kopf. Es schien, als habe sich sein Arm im Schlaf auf mein Kopfkissen verirrt. Die Kopfenden der Betten lagen aneinander, deshalb achtete ich nicht weiter darauf und legte meinen Kopf etwas zur Seite, damit der Arm mich nicht mehr erreichte. Ich wollte den Zellengenossen nicht wecken, indem ich seinen Arm zurückschob.

Doch schon bald sollte ich merken, daß dieser Mann gar nicht schlief. Seine Hand suchte nun bewußt nach meinem Kopf, um ihn zu streicheln.

Ich schob die Hand weg. Erst sanft, dann unsanft und mit bösem, aber leisem Gemurmel. Es wäre mir peinlich gewesen, würden die beiden jungen Leute in den oberen Betten etwas davon bemerken.

Doch der Mann hörte nicht auf, mit seiner Hand nach mir zu grapschen. Schließlich sprang ich aus dem Bett und zischte ihn flüsternd an, ich werde die Wärter rufen, wenn er mit seiner Anmache nicht sofort aufhört.

Noch immer bewegten sich die beiden jungen Leute in ihren oberen Betten nicht. Still taten sie, als ob sie schliefen und von der ganzen Angelegenheit nichts mitbekamen. Oder schliefen sie wirklich?

Der Mann drehte sich wortlos zur Wand und ich ging wieder in mein Bett.

Keiner sprach je davon.

Auf Transport

Nach zwei langen Wochen in Zwickau ging es mit dem Grotewohl-Expreß[7] zur Untersuchungshaftanstalt Stendal. Mittlerweile hatte ich erfahren, daß die Gerichtsverhandlung wohl nicht wie vermutet in Greifswald, sondern eher in meiner Heimatstadt Klötze stattfinden würde. Post hatte ich noch nicht bekommen, und so hatte ich keine Ahnung, ob meine Eltern schon über mich Bescheid wußten.

Schon am frühen Morgen wurde ich mit etwa vierzig Häftlingen, die ebenfalls auf Transport gehen sollten, nackt in einen großen Duschraum gesperrt. Während wir warteten, filzten draußen auf dem Flur einige Wärter unsere Sachen. Nach mehr als einer Stunde konnten wir uns

---

[7] Umgangssprachlicher Ausdruck für den Zellenwaggon der Deutschen Reichsbahn in der DDR. Er hatte viele kleine Zellen mit fünf Klappsitzen.

wieder anziehen und wurden in eine Transportzelle eingeschlossen. Die Zeit, bis es endlich zum Bahnhof ging, war ermüdend lang. Für den Transport gaben uns die Wärter lieblos belegte Brote mit auf dem Weg, die in Butterbrotpapier eingewickelt waren. Die Schnürsenkel hatte ich von den Effekten wiederbekommen, doch statt des Gürtels hielt immer noch ein kleines Band, welches zwei Gürtellaschen zusammenzog, meine Hose dort, wo sie sein sollte. Mein Koffer wurde zusammen mit anderen Gepäckstücken separat transportiert.

Am Nachmittag wurden alle Gefangenen mit einem Gefängnisbus zum Hauptbahnhof gefahren. Jeweils zu zweit an eine Handschelle gefesselt, ging es durch unterirdische Gänge des Bahnhofes direkt zum Zug.

Der Gefängniswaggon war in der Mitte eines normalen Personenzugs angekoppelt. Während wir gefesselt in Reih und Glied vor dem Waggon standen, sahen uns die Bahnhofsgäste entsetzt aber neugierig an. Ich wäre vor Scham am liebsten in den Boden versunken. Vor dem Einsteigen wurden wir noch einmal von den Wärtern gezählt, dann stiegen wir nacheinander in den Zug, wo uns die Handschellen abgenommen wurden.

In der Mitte des Gefängniswaggons befand sich ein enger Gang. Hier stand ein Wärter und wies uns in die links und rechts befindlichen Zellen ein. Diese waren sehr klein und hatten in Fahrtrichtung und entgegengesetzt je zwei Klappsitze aus Sperrholz. Ein fünfter Sitz befand sich unter dem mit Milchglas und Gittern versehenen Fenster und war hochgeklappt.

Platzmäßig wäre die Zelle bestenfalls für zwei Gefangene ausreichend gewesen. Wir wurden zu viert in dieses Abteil verfrachtet, und es war kaum vorstellbar, wie noch eine fünfte Person unter dem Fenster hätte Platz finden können.

Schon nach einer Stunde Fahrt waren unsere Nerven aufgrund des Platzmangels stark angespannt. Dichtgedrängt wie die Heringe in Dosen saßen wir in dem kleinen Abteil und waren froh, daß keiner von uns übergewichtig war. Oft standen wir während der Fahrt auf, denn das brachte uns ein klein wenig mehr Platz. Solange der Zug fuhr, war die Situation einigermaßen erträglich. Schlimmer waren die Zeiten, wo unser Waggon auf irgendeinem Abstellgleis stand und wir nicht wußten, ob oder wann es weiterging.

Nur sehr selten konnten wir durch den kleinen Spalt, der entstand, wenn das Fenster aufgeklappt wurde, an dem Ortsschild des Bahnhofs erkennen, wo wir waren. Allerdings nützte das nur bedingt etwas, denn im Abteil hatte jeder nur eine Vermutung, wo seine Reise enden würde. Von den Wärtern erfuhren wir nichts. Wir konnten froh sein, wenn sie uns erlaubten, auf die Toilette zu gehen.

Das Untersuchungsgefängnis in Magdeburg

Meine Befürchtung, die Nacht auf einem Abstellgleis irgendeines Bahnhofs verbringen zu müssen, bewahrheitete sich Gott sei Dank nicht. Die Fahrt endete irgendwann am späten Abend in Magdeburg. Hier wurde ich mit einigen anderen Gefangenen in einem Gefängnistransporter zum Untersuchungsgefängnis der Stadt gebracht.

Wieder wurden wir gezählt, durchsucht und fotografiert. Es ging zur Kleiderkammer, wo uns Bettzeug und Plastikgeschirr ausgehändigt wurde, was auf einen längeren Aufenthalt hindeutete. Im Anschluß daran brachte mich ein Wärter zu einer Zelle im Erdgeschoß. Als die Zellentür geöffnet wurde, strömte mir ein Geruch von abgestandener Luft, menschlichen Ausdünstungen und Qualm entgegen. Es war eine Großzelle, und kaum ein Gefangener interessierte sich dafür, daß ein Wärter die Tür geöffnet hatte. Auf eine Meldung des Zellenältesten legten die Wärter scheinbar keinen Wert, und es stellte sich auch niemand mit dem Rücken zur Tür.

Diese große Zelle waren einmal vier normalgroße Zellen gewesen. Die Wand von den mittleren beiden Zellen wurde herausgenommen, und zu den links und rechts angrenzenden Zellen Durchgänge geschaffen.

Diese Großzelle sollte für achtundzwanzig Gefangene Platz bieten. Im größten Raum befanden sich vier dreistöckige Betten, die beiden kleinen Räume hatten je zwei vierstöckige Betten. Es gab insgesamt zwei Toiletten und drei Waschbecken.

Ich suchte mir ein Bett in der rechten kleinen Zelle, denn die große Zelle war vollständig belegt. In das Etagenbett konnte ich mich nur hineinrollen, denn der Liegeplatz war mit einer Höhe, der dem Abstand von der Fingerspitze bis zum Ellenbogen ausmachte, klaustrophobisch eng. Die Metallhaken des Gitterrostes über mir waren nach unten gebogen, so daß ich mir jede Nacht, wenn ich mich umdrehte, daran die Arme und den Kopf blutig schlug. Als das oberste Bett frei wurde, zog ich dorthin um. Ab diesem Zeitpunkt waren die Nächte für mich schmerzfreier.

In dieser Großzelle lagen ausschließlich Häftlinge, die sich auf Transport befanden. Einige waren schon verurteilt und fuhren zur nächsten Gerichtsverhandlung oder wurden in ein anderes Gefängnis verlegt. Andere waren gerade erst verurteilt und kamen nun von der Untersuchungshaft in den Strafvollzug.

Während mir als Untersuchungshäftling Gegenstände wie Rasierklingen, Fotos, Nagelscheren oder Gürtel verboten waren, lagen derartige Dinge überall in der Zelle herum, denn für verurteilte Gefangene galten diese Einschränkungen nicht.

Gerade Rasierklingen konnten sich als überaus nützlich erweisen. Einige Häftlinge banden zwei davon dicht nebeneinander zusammen, befestigten zwei Drähte, die sie von wer weiß woher hatten, daran und steckten die anderen Enden in eine Steckdose. Ein kleiner, selbstgebastelter Tauchsieder entstand, mit dem Wasser zum Rasieren oder für den Zahnputzbecher erwärmt wurde. Oft sprang dabei die Sicherung heraus, doch war es angesichts der Vielzahl der Zellen unwahrscheinlich, daß die Wärter herausfanden, welche Zelle den

Kurzschluß ausgelöst hatte. Man wartete eine Weile, bis die Wärter die Sicherung gewechselt hatten, und begann von vorn.

In Magdeburg sah ich das erste Mal in meinem Leben, wie sich Gefangene tätowierten. Mit schwarzer Tusche, die irgendwie ins Gefängnis geschmuggelt wurde, und einer Nadel, um der Zwirn gewickelt war, stachen sie sich gegenseitig Bilder oder Wörter in die Haut, oft, bis ihr gesamter Körper mit dunkelblauer Farbe überzogen war. Viele Bilder mißglückten, weil sich fast jeder an der Nadel probierte, ob er nun tätowieren konnte oder nicht.

Die Brutalität in dieser Großzelle war unerträglich. Schon am zweiten Tag erlebte ich, wie vor meinen Augen ein Inhaftierter von anderen Gefangenen derart zusammengeschlagen wurde, daß hinterher nur noch ein blutüberströmtes und wimmerndes Etwas übrigblieb. Dieses Ereignis machte mir unsagbar Angst, denn solche Gewalt hatte ich bisher noch nicht einmal im Fernsehen gesehen. Nun stand ich mittendrin. Den Grund, warum dieser Gefangene geschlagen wurde, habe ich nie erfahren.

Das Untersuchungsgefängnis in Magdeburg war eine Haftanstalt, die mich wirklich schaudern ließ. Da Gewalt an der Tagesordnung war, konnte ich nur dafür sorgen, nicht aufzufallen. Allein dann bestand Hoffnung, die Wut einiger Gefangener würde sich nicht gegen mich richten. Es galt die Macht des Stärkeren, und wer sich nicht fügte, lief Gefahr der nächste zu sein, der zusammengeschlagen wurde. Den Wärtern schien es egal, was sich in den Zellen abspielte. Regelmäßige Kontrollen, wie ich sie in Zwickau kennenlernte, gab es in Magdeburg nicht. Kontrolliert wurde nur morgens und abends mit der Zählung. Tagsüber wurden die Zellen nur zu den Mahlzeiten geöffnet, oder wenn es hinaus zur Freistunde ging.

In dieser Zeit wollte ich nur noch raus aus dieser Situation und hatte keine Ahnung, wie lange sich der Aufenthalt in Magdeburg hinziehen würde. Es konnte Wochen dauern, bis der Grotewohl-Expreß wieder einmal die Strecke Magdeburg - Richtung Klötze fuhr.

Abends in meinem Bett betete ich, ich möge einschlafen und nie wieder aufwachen. Aus purer Angst heraus dachte ich zum ersten Mal in meinem Leben intensiv über Selbstmord nach. Es wäre leicht gewesen, an Rasierklingen zu kommen. Allein die Furcht es zu tun, hielt mich davon ab. *Zu dieser Zeit fing ich an, die DDR abgrundtief zu hassen.* Das, was mir die Staatsmacht antat, stand in keinem Verhältnis zu dem, was Bernd-Ulrich und ich getan hatten und war auch mit nichts zu rechtfertigen.

Die Freistunden waren zwar unregelmäßig, dafür ausgedehnter als die in Zwickau. Ich genoß es, die kurze Zeit für mich allein zu sein. Von den achtundzwanzig Betten in unserer Zelle waren zwar nur zweiundzwanzig belegt, doch mich erdrückte diese Enge fast. Der Freistundenhof war sehr viel größer als der von Zwickau. Zu welcher Zeit wir auch hinausgeführt wurden, immer war der Hof voll mit Gefangenen, wovon sich viele, wie ich, auf der Durchreise befanden.

Nach eineinhalb Wochen war der Alptraum in Magdeburg vorbei und ich ging wieder auf Transport. Diesmal zur vorläufig letzten Station, der Untersuchungshaftanstalt in Stendal.

Vor dem Abtransport mußten wir uns auf dem Flur des Gebäudes nackt ausziehen. Ein Sanitäter notierte bei jedem Gefangenen alle Tätowierungen, die seit seiner Ankunft in Magdeburg neu hinzugekommen waren. Auch hier wurden wir in einen Duschraum eingeschlossen, bis unsere Sachen gefilzt waren.

Einige Gefangene vermißten nach dem Filzen Streichholzkuppen oder kleine Tütchen mit Tabak, die sie in den Zug schmuggeln wollten. Niemandem wurde gesagt, wie lange er unterwegs sein wird und nur wenige wußten, wohin ihre Reise ging. Um sich die Zeit wenigstens etwas zu verkürzen, versuchten einige Gefangene Tabak und Streichholzkuppen zu behalten, um unterwegs rauchen zu können. Allerdings gelang es nur sehr wenigen, verbotene Gegenstände durch die Kontrolle zu bekommen. Die Wärter waren im Suchen geübt und kannten die Verstecke in der Kleidung gut.

Eine Stunde vor Zugabfahrt ging es wieder durch unterirdische Gänge des Bahnhofs zum Gefängniswaggon. Es tat mir weh, den Bahnhof von Magdeburg als Gefangener zu sehen. Die seelischen Schmerzen nahmen zu, je mehr der Zug in Richtung Norden fuhr. Immer mehr spürte ich die alte Heimat, wo ich nun nicht mehr dorthin gehen konnte, wohin ich gehen wollte. Die Strecke von Magdeburg nach Klötze war ich schon unzählige Male mit dem Zug gefahren, nun konnte ich noch nicht einmal aus dem Fenster sehen. Nie hätte ich gedacht, meine Heimat als Gefangener wiedersehen zu müssen.

Die Untersuchungshaftanstalt Stendal

Stendal liegt etwa 55 km östlich von meinem damaligen Heimatort Klötze entfernt. Die Vergangenheit hatte mich noch nie bis Stendal geführt. Durch die Milchglasfenster der grünen Minna, die uns ins Untersuchungsgefängnis brachte, konnte ich nichts von der Stadt sehen.

Die Haftanstalt machte auf mich einen ordentlichen Eindruck. Es war kein Vergleich zu Zwickau und schon gar nicht zur U-Haft in Magdeburg. Die Wände waren sauber gestrichen und es war relativ ruhig im Haus, was sicherlich auch daran lag, daß diese Haftanstalt nicht sehr groß war.

Wir waren etwa fünfzehn Gefangene und warteten in Dreierreihe auf dem Flur des Erdgeschosses auf die Einweisung in die Zellen. Zu Beginn bekamen wir Teile der Hausordnung zu hören und anschließend ging es einzeln zu den Effekten, wo unsere persönlichen Sachen verwahrt und den Gefangenen Plastikgeschirr, Bettzeug und, sofern sie diese bei der Verhaftung dabeihatten, Wäsche zum Wechseln ausgehändigt wurde.

Besonders letzteres war mir wichtig, denn noch immer trug ich seit meiner Verhaftung dieselbe Wäsche. Weder in Zwickau noch in

Magdeburg kam ich an meinen Koffer, um meine Kleidung wechseln zu können.

War ein Gefangener in der Effektenkammer fertig, führte ihn ein Wärter zu seiner Zelle. Wie in Zwickau hatten sich die Gefangenen neben der Tür mit dem Gesicht zur Wand zu stellen, wenn die Zellentür geöffnet wurde, und mit dem Rücken zur Tür galt für Gefangene in der Zelle.

Der Wärter, der mich zu meiner Zelle führte, war nur wenig älter als ich. Dienstgradmäßig stand er noch am Anfang seiner Laufbahn. Er genoß seine Überlegenheit den Gefangenen gegenüber sichtbar. Vor der Zelle angekommen, steckte er den Schlüssel in das Schloß, drehte ihn lässig und geübt mit dem linken Zeigefinger herum und schob gleichzeitig mit dem rechten Handballen den Riegel zur Seite. Nachdem der Verwahrraumälteste mit seiner Meldung fertig war, forderte er mich mit einer Kopfbewegung auf, in die Zelle zu gehen. Ich nahm mein Bündel mit Bettzeug und Geschirr, und voller Ungewißheit, was mich nun erwarten würde, folgte ich der Anweisung.

Doch der erste Eindruck beruhigte mich.

Die Zelle hatte vier Betten, ein Waschbecken mit einem kleinen, in den Putz eingelassenen Spiegel, einen an der Wand befestigten Tisch, vier Holzhocker, eine Toilette und einen kleinen Wandschrank mit zwei Türen und vier Fächern. Die Meldung hatte ein etwa 45-jähriger Mann aufgesagt. Hinter ihm standen zwei Jugendliche mit dem Rücken zur Tür und den Köpfen nach unten gesenkt. Sie schienen jünger zu sein als ich. Gewalttätig sah keiner von den Dreien aus.

Schnell machten wir uns miteinander bekannt und es dauerte nur ein paar Tage, da wußte jeder über den anderen genauestens Bescheid.

So erfuhr ich, daß der ältere Mann wegen Steuerhinterziehung angeklagt war. Er hatte vor seiner Verhaftung einen kleinen Betrieb in Stendal und behauptete, unschuldig zu sein. Die anderen beiden Häftlinge waren vierzehn und sechzehn Jahre alt, wovon der jüngere ebenfalls wegen Republikflucht angeklagt war. Der ältere Jugendliche war wegen Mopeddiebstahls eingesperrt und sollte wenige Wochen später auf Bewährung entlassen werden.

Die Tage verliefen friedlich, doch es gab auch Tage, wo wir uns wegen Nichtigkeiten stritten. So etwas bleibt nicht aus, wenn Menschen über einen längeren Zeitraum auf engstem Raum zusammenleben müssen. Streitereien waren trotzdem eher die Ausnahme.

Wegen der bevorstehenden Gerichtsverhandlung kümmerte ich mich so schnell wie möglich um einen Rechtsanwalt und bat meine Eltern im 1. Januarbrief, mir das Geld dafür zu überweisen. Bisher hatte ich immer noch nichts von ihnen gehört, hoffte jedoch, von ihnen Unterstützung zu erhalten.

Erster Januarbrief

Liebe Eltern!

Ich hoffe, Ihr habt Weihnachten und Silvester gut überstanden. Was macht das Haus? Könnt Ihr bald einziehen? Bitte kommt mich mal besuchen. Dazu braucht Ihr eine Sprechgenehmigung vom Staatsanwalt.

Ich habe mich mit dem Rechtsanwalt Helmut Schernikau in Verbindung gesetzt (Tel.: Salzwedel 2376). Bitte zahlt darum von meinem Sparkassenbuch hundertfünfzig Mark auf das Konto 3004-34-52, GH Gardelegen, Zweigstelle Salzwedel, ein. Ihr könnt es auch telegraphisch überweisen, damit es möglichst schnell geht. Der Anwalt setzt sich erst dann für mich ein, wenn die Anzahlung bei ihm eingegangen ist. Ich habe inzwischen von diesem Rechtsanwalt eine Prozeßvollmacht erhalten, die ich heute, am 15.01.1977, unterzeichnet an ihn zurücksende.

Über meine Anschuldigung darf ich Euch nichts schreiben, jedoch wird Herr Schernikau Euch Auskunft erteilen können. Allein sehe ich mich nicht in der Lage, mich in meiner Angelegenheit wirksam zu verteidigen. Deshalb bin ich auf einen Anwalt angewiesen. Ich sende Euch mit dem heutigen Schreiben eine Vollmacht, die Euch ermächtigt, von meinem Sparguthaben einhundertfünfzig Mark abzuheben.

Um Euch einen genauen Überblick über meine gegenwärtige Situation verschaffen zu können, möchte ich Euch bitten, mich bald zu besuchen. Es wird Vati sicher nicht schwerfallen, die dazu notwendige Sprecherlaubnis der Kreisstaatsanwaltschaft Klötze kurzfristig zu beschaffen. Ich bin auch auf Eure Hilfe angewiesen, weil sich meine Wäsche und andere Gegenstände noch in Stahlbrode befinden.

Ganz so, wie Ihr im Augenblick die Sache seht, ist sie jedenfalls nicht und ich bin überzeugt davon, daß sich bei der Verhandlung einige Mißverständnisse zu meinen Gunsten aufklären werden.

Ich bitte Euch, daß Ihr mich jetzt nicht fallenlaßt und mich unterstützt. Es war wirklich nicht meine Absicht, Euch Ärger zu bereiten.

Bestellt Silke (meine damals achtjährige Schwester) *einen schönen Gruß von mir!*

Es grüßt Euch vielmals
Euer Michael

Mit einem Rechtsanwalt fühlte ich mich sicherer und ignorierte damit die Hinweise anderer Häftlinge, die mir sagten, daß Verteidiger in der DDR bei politischen Prozessen nur eine dekorative Funktion einnahmen. Auch der Rechtsanwalt vertrat die Meinung des Staates, und für den Staat war Republikflucht ein schweres Vergehen. Trotzdem wollte ich auf Nummer sicher gehen. Auch war es für meine Eltern nur durch einen Rechtsanwalt möglich, genaueres über meine Anklage zu erfahren. Inhaftierten war es grundsätzlich verboten, in Briefen etwas über den eigenen Fall zu schreiben. Der Brief wäre entweder zurückgehalten oder an die Staatsanwaltschaft weitergeleitet worden, ohne daß man mir darüber Bescheid gegeben hätte.

Ich brauchte dringend neue Kleidung und hoffte deshalb, meine Eltern würden mich so schnell es ging besuchen. Wie in Zwickau auch, wusch ich meine Sachen im Waschbecken mit kaltem Wasser und Seife und ließ sie über Nacht auf der kleinen Heizung trocknen. Offiziell war das auch hier nicht gestattet.

Alltag in Untersuchungshaft

Die Tage waren auch in Stendal extrem langweilig. Die einzige Abwechslung waren Bücher aus der Bibliothek der Haftanstalt, die einmal in der Woche getauscht wurden. Hier lernte ich Werke von Honoré de Balzac kennen, die mir allerdings nur mäßig gefielen.

An einigen Tagen putzte ich mir bis zu zehnmal die Zähne, nur um die Zeit totzuschlagen. Ganz umsonst war das allerdings nicht, denn die Marmelade der Haftanstalt färbte die Zähne schwarz und der Belag verschwand selbst bei gründlicher Zahnpflege nur dann, wenn man auf Marmelade verzichtete. Zahnpasta bekamen wir von den Wärtern, wenn wir uns mangels Geld selbst keine kaufen konnten.

Die Holzhocker waren hart und eigneten sich nicht wirklich zum Sitzen, wenn man den ganzen Tag darauf verbringen muß. Es war nur erlaubt, auf den *blanken* Hocker zu sitzen. Polster wie eine Decke vom Bett oder das Kopfkissen vom Bett waren verboten. Die Wärter waren im Umsetzen dieser Anordnung unerbittlich und vollständig mitleidlos.

Etwas besser hatten es Gefangene, die tagsüber auf dem Bett liegen durften. Ihnen blieb der harte Hocker zum großen Teil erspart. Für andere Gefangene brachte das den Vorteil, etwas mehr Platz in der Zelle zu haben. Um sich tagsüber hinlegen zu dürfen, benötigte der Gefangene eine Erlaubnis vom Arzt. Dieser gab bei einer gesundheitlichen Beeinträchtigung des Gefangenen entweder eine rote oder eine blaue Marke aus, die der Gefangene für die Wärter sichtbar am Bett befestigen mußte. Mit einer blauen Marke konnte sich der Gefangene kurzzeitig etwas hinlegen, mit einer roten Marke durfte er den ganzen Tag auf dem Bett liegen. Wer keine derartige Erlaubnis besaß, dem blieb nichts anderes übrig, als von früh morgens bis spät abends auf dem Holzhocker zu sitzen oder zwischen den Betten spazieren zu gehen.

Ich wechselte mich mit den beiden Jugendlichen darin ab, zwischen den Etagenbetten hin und her zu laufen. Angesichts der Enge in der Zelle konnte sich immer nur einer von uns die Zeit damit vertreiben. Es dauerte nicht lange, und wir hatten uns aufgrund der schlechten hygienischen Zustände einen »Wolf« gelaufen. Diese schmerzhaften Hautentzündungen an den Oberschenkelinnenseiten wurden dann jeden Morgen von einem Sanitäter mit Castellani behandelt. Geholfen hat es nur wenig, denn wenige Tage nach der Heilung brach die Krankheit meist erneut aus. Sich einen »Wolf« laufen war in der Haftanstalt so alltäglich wie ein Schnupfen im Winter.

Einmal veranstalteten wir nach dem abendlichen Einschluß eine Kissenschlacht. Es war ein herrlicher Spaß, wir lachten und tobten, und nur der Stubenälteste nahm nicht daran teil. Wie groß war die Freude, wenn jemand mit seinem Kissen den anderen direkt ins Gesicht traf! Für einen kurzen Moment vergaßen wir, wo wir uns befanden. Wichtig war in diesem Augenblick nur, den »Gegner« günstig zu treffen.

Plötzlich ging die Zellentür auf und zwei Wärter holten wortlos den 14-Jährigen heraus. Er war nur mit einer Unterhose bekleidet. Die Wärter waren mit ihm nicht zimperlich. Keiner von uns dreien traute sich, ein Wort zu sagen.

Krachend schloß sich wieder die Tür, der Schlüssel drehte sich und der Riegel wurde vorgeschoben. Der junge Kerl hatte nichts anderes getan als wir. Warum holten sie ausgerechnet ihn heraus? Oder werden sie gleich noch einmal kommen, um den Nächsten zu holen?

Draußen auf dem Flur war es ruhig, auch waren keine Schritte zu vernehmen. Keiner traute sich, ein Wort zu sagen. Es dauerte etwa zehn Minuten, ehe der Junge wieder in unsere Zelle gebracht wurde. Er sagte kein Wort, war den Tränen nahe und legte sich, ohne uns anzusehen, ins Bett.

»Ich habe doch gesagt, ihr sollt mit dem Quatsch aufhören. Hättest du auf mich gehört, hättest du jetzt nicht diese Striemen auf dem Rücken« flüsterte ihm der ältere Mann zu.

Wir sprachen nie wieder von diesem Vorfall, und so erfuhr ich nicht, was außerhalb der Zelle mit diesem Jungen geschehen war. Wahrscheinlich ist jedoch, daß er an einer Dusche gefesselt und mit dem Gummiknüppel verprügelt wurde. Derartige Vorgehensweisen der Wärter waren oft Gesprächsthema in der Untersuchungshaftanstalt Stendal, und auch ich bekam einmal »nur so zum Spaß« einen Schlag mit dem Gummiknüppel auf den Rücken, als ich vor dem gleichen Wärter, der mich nach der Ankunft in Stendal zur Zelle brachte, die Treppe hinunterging.

Meist gingen die Tage jedoch vorüber, ohne daß irgend etwas geschah. Kein Rechtsanwalt kam, es gab keine Verhöre, ja sogar der Hofgang fiel häufig aus. Wir waren jedes Mal froh, wenn sich die Zellentür öffnete, aus welchem Grund auch immer, denn das vertrieb wenigstens kurzzeitig unsere Langeweile. Meist kam dann Bewegung in irgendeine Sache. Entweder wurde jemand zum Verhör geholt, es kam Post oder wir durften zwanzig Minuten zur Freistunde. Doch meist geschah gar nichts. Man saß da und wartete, wartete, wartete ... Sechzehn Stunden am Tag, sieben Tage in der Woche.

Jede Woche, meist an einem Donnerstag, wurde rund ein Drittel der Häftlinge des Hauses verlegt. Diese Verlegungen waren im ganzen Haus zu hören. Erst wurde eine Zellentür aufgeschlossen, und ein Wärter brüllte: »Müller, Sachen packen!«, danach wurde die Tür mit einem lauten Knall zugeschlagen, verriegelt und wieder verschlossen. Dann wurde die nächste Tür geöffnet: »Schmidt, Sachen packen!«

Wurde jemand zum »Sachen packen« aufgefordert, hatte er etwa 20 Minuten Zeit, seine gesamte Habe in eine Decke zu packen und mit einem Knoten zusammenzuschnüren. Es kam jedoch ziemlich häufig vor, daß ein Gefangener den ganzen Tag warten mußte, ehe er schließlich verlegt wurde.

Verlegungen waren in der Regel unangenehm. Meist hatten sich die Gefangenen in den Wochen zuvor aneinander gewöhnt und kleine Freundschaften waren entstanden. Im Gegensatz dazu wußte man nicht, mit welchen Untersuchungshäftlingen man als nächstes zusammengelegt wurde. Kam man mit Häftlingen zusammen, die aggressiv oder streitsüchtig waren, konnte das die ohnehin schlimme Zeit in Haft extrem verschärfen.

Genausowenig war klar, wie groß die Zelle ist, in die man verlegt wurde. Es gab Zellen mit vier und mit zwei Betten, wobei die Zweibettzellen etwas kleiner waren, aber für die Inhaftierten mehr Platz boten.

Auch ich wurde oft verlegt. Mal in eine kleine Zelle, mal in eine große, mal in einer Nichtraucherzelle, mal in eine große Zelle, wo ich der einzige Nichtraucher war.

Einige der Inhaftierten arbeiteten für die Untersuchungshaftanstalt. Sie wurden *Kalfaktoren* genannt und bekamen etwas mehr zu essen als Gefangene, die nicht arbeiteten. Die Arbeit war freiwillig und unter den meisten Gefangenen sehr gefragt. In der Regel verrichteten diese Gefangenen Botengänge für die Wärter, teilten die Mahlzeiten oder Bücher aus, oder halfen in der Effektenkammer.

Einmal in der Woche durften wir einkaufen, sofern Geld dazu vorhanden war. Angeboten wurden Waren wie Wurst, Zucker, Süßigkeiten, Hygieneartikel, Tabak, Tabakpfeifen, Zigarettenpapier oder Streichhölzer. Diese Dinge wurden in einem kleinen Kiosk im Flur des Erdgeschosses angeboten.

Um Kontakte zu anderen Gefangenen zu vermeiden, wurde immer nur eine Zelle zum Kiosk vorgelassen. Die Preise unterschieden sich nicht von denen der Geschäfte außerhalb der Haftanstalt. Allerdings waren auch hier bestimmte Artikel schnell ausverkauft und die Häftlinge mußten zu Ersatzprodukten ausweichen, sofern diese im Angebot waren. Wurst gab es nur in kleinen Dosen.

Zum Hofgang gingen nur ausgesuchte Zellen gemeinsam. Etwa dreißig Gefangene trotteten dann hintereinander in einem vorgeschriebenen Kreis. In Zwickau gingen jeweils zwei Gefangene hintereinander im Kreis herum, in Magdeburg konnte man sich frei auf dem Hof bewegen, in Stendal waren sogar Unterhaltungen verboten. Wurde man dabei erwischt, hätte es für den Gefangenen den Abbruch des Hofganges bedeutet. Auch war während des Freigangs jegliches Zeichengeben untersagt.

Oft beobachtete ich die Wärter auf den Wachtürmen mit ihren Maschinenpistolen und fragte mich, ob sie wirklich auf mich schießen und mein 18-jähriges Leben beenden würden, wenn ich versuchen würde zu fliehen. Ich schaute in ihre Gesichter, ob ich irgendeine Kaltblütigkeit erkennen konnte, doch ich fand keine Anzeichen dafür. Es waren ganz normale Menschen. Und trotzdem war ihnen eine Anordnung wichtiger als mein Leben.

Bei einem der Hofgänge sah ich Bernd-Ulrich wieder. Es war seit unserer Verhaftung das erste Mal, daß ich ihn sah. Eigentlich hätten wir nicht zur gleichen Zeit Hofgang haben dürfen, doch ich war froh über dieses Versehen der Wärter. Bernd-Ulrich sah blaß und mutlos aus und zeigte mir mit der Hand fünf Finger. Ich schüttelte mit dem Kopf und zeigte einen Finger zurück. Trotz seiner Vorstrafe rechnete ich bei ihm nicht mit mehr als einem Jahr Gefängnis.

Die Stumpfsinnigkeit in der Zelle steigerte sich an manchen Tagen ins Unermeßliche. Einmal zertrümmerten wir in einer Zweibettzelle aus purer Langeweile einen Glasbaustein, um aus dem Fenster sehen zu können. Die zu erwartende Strafe war uns egal, doch seltsamerweise war die einzige Reaktion der Wärter, uns in eine andere Zelle zu verlegen, wo wir nicht mehr hinaussehen konnten. Später wurde der zertrümmerte Glasbaustein durch einen normalen Ziegelstein ersetzt. Anscheinend war auch für das Untersuchungsgefängnis Baumaterial knapp.

Eine Möglichkeit, die Langeweile zu bekämpfen, war, mit der Nachbarzelle Kontakt aufzunehmen. Zwar war das verboten, doch als Strafe drohte hier höchstens eine Ermahnung.

Um Geräusche aus der Nachbarzelle zu hören, wurde ein Zahnputzbecher oder eine Schüssel mit der hohlen Seite an die Wand gedrückt. Wenn nun das Ohr an diese Art Verstärker gehalten wurde, waren leise Stimmen oder auch Geräusche aus der Nachbarzelle zu vernehmen.

Gespräche waren auf diese Weise jedoch nicht möglich. Verbreiteter war deshalb das Klopfen an die Wand. Einmal klopfen bedeutete den Buchstaben »A«, zweimal klopfen den Buchstaben »B« und so weiter. Es war sehr mühselig, besonders, wenn sich jemand einmal »verklopft« hatte und so das Wort unverständlich wurde. Doch derartige »Gespräche« dienten eh nur der Vertreibung der Eintönigkeit.

Einfacher ging die Unterhaltung über die Kanalisation. Die Gefangenen verständigten sich erst über das Fenster über die geplante Plauderei und pumpten anschließend alles Wasser aus ihren Toilettenschüsseln. Nun war ein Gespräch von einer Toilette zur anderen möglich. Gespräche von Fenster zu Fenster wurden dagegen meist schnell von den Wärtern unterbunden.

Streichhölzer waren in der Untersuchungshaft Mangelware und so mußten sich die Gefangenen oft etwas einfallen lassen, um ihre Zigaretten oder das Tütchen aus Zeitungspapier und Tabak anzuzünden.

Eine Möglichkeit bestand darin, den Tabak an der Stromleitung zum Glimmen zu bekommen. Dazu wurde die Glühbirne der Zelle aus der Fassung geschraubt und eine kleine feuchte Brotkugel an das vordere Ende der Zigarette oder Tabaktüte befestigt. Wurde nun die Brotkugel zwischen die beiden Stromklemmen in der Lampenfassung gebracht, blitzte und funkte es. Dann wurde kräftig am Glimmstängel gesogen, damit der Funke auf den Tabak übersprang.

Nicht selten flog dabei die Sicherung heraus. Dann hieß es schnell sein, um alle Spuren zu beseitigen. Die Wärter duften auf keinen Fall herausfinden, welche Zelle den Kurzschluß verursacht hatte. Mit etwas Glück entzündete sich der Tabak gleich beim ersten Mal. Wenn nicht, mußten wir kurz warten, bis die Wärter die Sicherungen gewechselt hatten. Anschließend versuchten wir es wieder. Der Vorgang wurde so oft wiederholt, bis die Aktion von Erfolg gekrönt war.

Schreibmaterialien wie Kugelschreiber oder Papier waren nur erlaubt, wenn der Gefangene einen Brief schrieb. War er damit fertig, mußte er mit dem Brief auch das Schreibzeug wieder abgeben. Manchmal bekamen wir eine Zeitung in die Zelle, und um das Kreuzworträtsel lösen zu können, nahmen wir Scheuersand, den wir zum Reinigen des Waschbeckens bekamen, und rieben ihn mit den Fingern über das Kreuzworträtsel. Die Zeitung nahm dann die graue Farbe des Scheuersandes an. Mit dem Aluminium einer Zahnpastatube ließ sich nun wie mit einem Bleistift schreiben.

Das Ende der Ermittlungen

Die Vernehmer hatten mit Bernd-Ulrich und mir leichtes Spiel. Wir waren Dilettanten und hatten als Gegner erfahrene Ermittler vor uns.

Bei den Verhören etwas abzustreiten oder gar zu verheimlichen, hatte keinen Sinn. Ich war viel zu ängstlich und verstört, um in die Defensive zu gehen, ja mir kam noch nicht einmal die Idee, mit einem Antrag auf Ausreise nach Westdeutschland zu drohen. Mein einziger Wunsch war, die Angelegenheit so schnell wie möglich hinter mich zu bringen. Deshalb bekamen die Vernehmer bei den Befragungen das zu hören, was sie hören wollten.

Und ich bereute meinen Fluchtversuch. Zwar wollte ich nach all den Hafterfahrungen jetzt erst recht der DDR den Rücken kehren, aber meine Hoffnungen, dieses Ziel jemals zu erreichen, verschwanden mit dem Knall der Zellentür, die sich auf dem Polizeirevier in Johanngeorgenstadt hinter mir schloß.

Lubmin, den 16.03.1977

Werte Frau Barth!

Ich möchte mich zunächst erst einmal entschuldigen, daß ich mich bis jetzt noch nicht gemeldet habe. Für mich war es leider sehr schwer, an die Sachen von Michael heranzukommen, denn ich bin ständig auf Außenbaustelle.

Dazu kommt noch, daß die Kollegin Gaida vom Internat die Sachen verschlossen hat und eine längere Zeit erkrankt war.

In der nächsten Woche arbeitet die Kollegin wieder, so daß ich die Sachen einpacken und verschicken kann.

In Stahlbrode war nur ein Koffer mit Sachen von Michael, diesen werde ich per Bahn an Sie abschicken und Ihnen den Transportschein zuschicken.

Ich hoffe, daß ich diese Angelegenheit in den nächsten 14 Tagen erledigen kann, um Ihnen endlich die Sachen schicken zu können.

Ich hoffe, daß Sie meine Schwierigkeiten ein wenig verstehen können.

Mit freundlichem Gruß
(Unterschrift)

Die verschwundene Anklageschrift

Wenige Tage vor der Gerichtsverhandlung bekam ich meine Anklageschrift in die Zelle. Der Wärter gab mir dreißig Minuten Zeit, um sie zu lesen. Im Gegensatz zu normalen Kriminellen durften politische Gefangene ihre Anklageschrift nicht behalten und mußten sie nach dem Lesen wieder abgeben.

Ich weiß nicht, was mich damals geritten hatte, doch ich versuchte, dieses Schriftstück zu behalten.

Das Waschbecken unserer Zelle war hohl, und so rollte ich die Anklageschrift zusammen und steckte sie in ein kleines Loch an der Unterseite. Dieses Loch war nur zu sehen, wenn das Waschbecken hochgehoben wurde. Als das Schriftstück verschwunden war, wartete ich.

Es dauerte auch nicht lange, da öffnete sich die Tür.

»Möhring, die Anklageschrift!«

»Die habe ich nicht mehr.«

Der Wärter sah mich an, als hätte er mich nicht richtig verstanden. »Ich sagte, Sie sollen mir die Anklageschrift geben!«

»Die habe ich zerrissen.«

»Was soll das heißen, Sie haben sie zerrissen? Wo ist sie?«

»Ich habe sie nicht mehr.«

»Wo sie ist, habe ich gefragt!«

»Ich habe sie zerrissen und die Toilette runtergespült.«

Er sah mich mißtrauisch an, musterte die anderen beiden Häftlinge, schloß die Tür und verschwand.

Nicht lange darauf kam er mit seinem Vorgesetzten wieder.

»Wo ist die Anklageschrift, Möhring?«, herrschte dieser mich an.

»Zerrissen und die Toilette heruntergespült.«

Schweigen auf beiden Seiten.

Er sah die anderen beiden an und richtete an sie dieselbe Frage.

Zu diesem Zeitpunkt lag ich mit zwei anderen Gefangenen in der Zelle. Einer von ihnen war so alt wie ich, der andere hatte die Fünfzig gerade überschritten.

Beide zuckten als Antwort mit den Schultern, obwohl sie genau wußten, wo sich das Dokument befand.

»Kommen Sie raus! Alle drei! Kommen Sie raus!«, herrschte uns der Ranghöhere an.

Ich ging als Erster, weil ich nahe der Tür stand, und stellte mich auf dem Flur mit dem Gesicht zur Wand. Meine beiden Zellengenossen, die die ganze Zeit hintereinander zwischen den Betten und mit dem Rücken zur Tür standen, kamen ebenfalls heraus und stellten sich neben mich. Mit einem lauten Knall wurde die Tür zugeworfen, verschlossen und verriegelt. Dann ging es zu einer Duschzelle am Ende der Etage, wo wir eingeschlossen wurden.

Einige Minuten verstrichen, ohne daß etwas geschah. Keiner von uns Dreien sagte etwas.

Nachdem wir einige Zeit später wieder zu unseren Zellen geführt wurden, fanden wir sie komplett verwüstet vor.

Das war allerdings nichts Neues. Zellen wurden oft durchsucht, und jedesmal sah es hinterher aus, als sei mehrmals hintereinander der Blitz eingeschlagen. Doch dieses Mal sah es besonders schlimm aus, alles lag auf dem Fußboden: die gekauften Lebensmittel, der Tabak, die Seife, Matratzen, Zahnputzzeug, die geliehenen Bücher, die Brille eines Mitgefangenen und unsere Kämme. Alles lag wild verstreut auf dem Boden herum. Man sah die Wut, die hinter dieser Aktion steckte. Bliebe die Anklageschrift verschwunden, hätte das sicher unangenehme Folgen für die Haftanstalt gehabt.

Mein erster Blick ging hinüber zum Waschbecken. Es hing da wie eh und je. Offensichtlich wurde dort nicht gesucht.

Nachdem die Zellentür geschlossen wurde, begannen wir die Unordnung zu beseitigen. Es fiel uns nicht allzu schwer, unsere

Besitztümer auseinanderzuhalten, denn viel hatten wir ja nicht. Erstaunlicherweise waren meine Zellengenossen nicht auf mich böse, denn obwohl sie nichts mit der Sache zu tun hatten, wurden auch ihre Sachen durchwühlt.

Nicht lange danach holten sie einen nach dem anderen aus der Zelle und verhörten ihn auf dem Flur. Ich war als letzter dran. Immer wieder prasselten Fragen auf mich ein, wo die Anklageschrift geblieben sei, was ich damit gemacht habe, warum ich sie verstecke. Ich blieb bei meiner Aussage und merkte, auch meine Zellengenossen hatten bis jetzt geschwiegen. Die Verzweiflung war den Wärtern anzumerken.

Wieder warteten wir in der Zelle ab, bis wir schließlich wieder in die Duschzelle geführt wurden.

Mir wurde klar, es machte keinen Sinn, die Anklageschrift zu verstecken. Zwar hätten die beiden Zellengenossen weiter zu mir gehalten, egal wie oft die Wärter unsere Zelle noch durchwühlt hätten. Doch hätte ich diese Anklageschrift niemals aus der Haftanstalt schmuggeln können. Ich klopfte an die Tür der Duschzelle und sagte dem Wärter, wo das Dokument zu finden sei.

Nachdem er es wußte, verschloß er wortlos die Zellentür und verschwand.

Als wir zurück in unsere Zelle kamen, fanden wir sie wieder verwüstet vor. Doch diesmal hing das Waschbecken schief. Die Wärter hatten dank meines Hinweises gefunden, wonach sie suchten. Erst viel später kam mir in den Sinn, ich hätte die Anklageschrift vielleicht doch vernichten sollen. Schon aus Protest. Aber zu derart »staatsfeindlichen« Handlungen war ich zu diesem Zeitpunkt noch nicht fähig.

Der Leiter des Untersuchungsgefängnisses bestrafte mich mit fünf Tagen Arrest. Weil ich aussagte, die Anklageschrift ohne Wissen der beiden Mitgefangenen versteckt zu haben, blieben sie von einer Strafe verschont.

In Arrest

Die Strafe begann noch am selben Tag.

Die Arrestzelle war eine normal große Zelle im Erdgeschoß des Gebäudes, die in der Mitte durch ein quer verlaufendes Gitter geteilt war, welches bis an die Zellendecke reichte und in der Mitte eine Tür hatte. Im hinteren Teil befand sich links eine Holz Pritsche, die hochgeklappt an der Wand angeschlossen war. Gleich links hinter dem Gitter stand ein Eimer mit Deckel für die Notdurft. Eine Sitzmöglichkeit gab es im hinteren Teil nicht.

Im vorderen Teil war rechts eine kleine Heizung, die nur von außen auf- und zugedreht werden konnte. Davor standen ein Tisch und ein Hocker. Auf der linken Seite war das Waschbecken.

Ich wurde im hinteren Teil der Zelle eingeschlossen, der vordere Teil blieb mir durch das Gitter versperrt. Dort hatte ich nur zu den Mahlzeiten Zugang, zur Morgentoilette und wenn ich mich für die Nacht vorbereitete.

Das Fenster befand sich in meinem Teil der Zelle und bestand aus einer mit Glasbausteinen eingefaßten Klappe. Hinaussehen konnte ich nicht, dazu war das Fenster zu hoch. So nahm ich von außen nur Geräusche wahr. Geöffnet und geschlossen werden konnte das Fenster nur von außen. Von meinen persönlichen Sachen durfte ich meinen Kamm, Seife, Zahnputzbecher, Zahnpasta und Zahnbürste mit in den Arrest nehmen, was jedoch, sieht man von ein paar Briefen meiner Eltern ab, alles an persönlichen Besitztümern beinhaltete, die mir in der Untersuchungshaft gestattet waren.

Diese Gegenstände verblieben auf dem Tisch im vorderen Teil der Zelle, ich hatte also keinen Zugang zu diesen Sachen, solange ich im hinteren Bereich eingeschlossen war.

Ich begann im Kreis zu gehen, was nicht leicht war, denn die Wärter hatten mir die Schnürsenkel weggenommen, die ich in Stendal eigentlich behalten durfte. Der Beton war jedoch zu kalt, um barfuß laufen zu können. Tat mir ein Fuß weh, ging ich den Kreis entgegengesetzt herum, taten mir beide Füße weh, setzte ich mich eine Weile auf den Fußboden. Auf diese Weise verbrachte ich den ersten Tag.

Gegen Abend bekam ich zwei dünne Decken für die Nacht, mußte mich im vorderen Teil der Zelle bis auf die Unterhose ausziehen und hatte die Möglichkeit, mich mit kaltem Wasser zu waschen und die Zähne zu putzen.

Ein Kopfkissen bekam ich nicht. Die Holzpritsche, die zur Nacht aufgeschlossen und heruntergeklappt wurde, bestand aus hellgrün lackiertem Holz. Sie war hart und durch den Lack bitter kalt. So benötigte ich eine der beiden Decken, um vor der Kälte der Pritsche geschützt zu sein, mit der anderen deckte ich mich zu.

Doch ich schlief vor Kälte nicht ein.

Der Winter war gerade in seiner kältesten Phase, die Fensterklappe stand einen Spalt offen und die Heizung wurde nachts abgedreht. Doch ich wollte den Wärtern nicht die Genugtuung geben zu sagen, daß mir kalt war. Davon abgesehen hätte ich nur laut rufen können, was mir wahrscheinlich eher Ärger statt einer weiteren Decke eingebracht hätte.

Irgendwann stand ich auf, wickelte mich in beide Decken ein und legte mich wieder hin, doch ich merkte schnell, daß es nicht viel half. Wieder stand ich auf und lief, eingewickelt in zwei Decken und barfuß, in der Zelle umher. Im Halbdunkeln sah ich hinter dem Gitter meine Kleidung auf dem Hocker liegen. Ich steckte meinen Arm durch die Gitterstäbe und hatte Glück, ich konnte den Hocker erreichen.

Schnell zog ich meine Sachen an, und fortan war es auf der Pritsche nicht nur bedeutend wärmer, sondern auch etwas weicher. Dann schlief ich ein.

Als ich morgens hörte, wie die Wärter im Haus die Zellen aufschlossen, sprang ich von der Pritsche, zog eilig die Kleidung aus und legte sie durch das Gitter zurück auf den Hocker. Die Wärter bemerkten davon nichts.

Nachdem ich den Toiletteneimer geleert hatte, durfte ich mich waschen und bekam trockenes Brot, mit Marmelade bestrichen, zum Frühstück.

Die nächsten vier Tage verbrachte ich damit, in der Zelle herumzulaufen oder auf dem Fußboden zu sitzen. Nur zu den Mahlzeiten erkannte ich, wie spät es war.

Als Verpflegung gab es morgens und abends belegtes Graubrot, dazu meinen Zahnputzbecher voll mit Kaffee-Ersatz oder ungesüßtem Tee. Meist trank ich schnell noch einige Becher Leitungswasser, denn nur zu den beiden Mahlzeiten war mir der Wasserhahn zugänglich. Mittagessen gab es nicht. Abends achtete ich darauf, den Hocker nicht zu weit vom Gitter entfernt hinzustellen, damit ich mich nach dem Einschluß wieder anziehen konnte. All die Nächte wurde ich nicht einmal bei dieser Aktion erwischt.

Klötze, den 29.03.1977
Fernruf: 2691

Das Kreisgericht Klötze
Strafkammer

Aktenzeichen S12/77

Frau
Ingeburg Barth
358 K l ö t z e
Oebisfelder Straße 44

Strafsache

gegen Möhring und H.

Der auf dem 05.04.1977, 10.00 Uhr angesetzte Termin zur Hauptverhandlung ist auf Dienstag, den 12. April 1977, 10.00 Uhr verlegt worden. Sie werden hierzu geladen. Erscheinen Sie nicht, so haben Sie die in der ersten Ladung angekündigten Rechtsnachteile zu erwarten.

(Unterschrift)
Justizangestellte

Nach fünf Tagen und Nächten in Arrest kam ich wieder zurück in meine Zelle. Einige Zeit danach bekam ich Besuch von meiner Oma und meiner Mutter. Zu den Besuchszeiten war es dem Häftling nur gestattet, seinem Besuch die Hand zu geben. Besuch und Besucher saßen sich während des Gespräches an einem Tisch gegenüber, in der in der Mitte eine Glasscheibe eingelassen war, um direkten Kontakt zu unterbinden. Die ganze Zeit belauschte ein Wärter das Gespräch. Andere Untersuchungshäftlinge waren zu dieser Zeit nicht im Raum. Wahrscheinlich wurde jeder Besuch einzeln abgehandelt.

Das Obst, welches mein Besuch für mich mitgebracht hatte, durften sie mir nicht geben und mußten es wieder mitnehmen. Als Grund wurde die Arreststrafe genannt. Mit dem Ende des Arrestes war die Strafe also nicht beendet gewesen.

Später bei der Gerichtsverhandlung warf mir der Staatsanwalt diese Arreststrafe vor, was sich zu meinen Ungunsten auswirken sollte. Im Gegensatz dazu sollte die Zeit in Zwickau, in der ich täglich fast unentgeltlich acht Stunden für den Staat arbeitete, vor Gericht keine Erwähnung finden.

Auf dem Weg zur Gerichtsverhandlung

Am 12. April 1977 fand in Klötze die Gerichtsverhandlung statt. In der grünen Minna konnte ich wieder ein paar Worte mit Bernd-Ulrich wechseln. Er wurde in die Zelle hinter mir eingesperrt. Bevor der Wagen losfuhr, setzte sich ein Wärter in den Zellenbereich und unterband sofort unser Gespräch. Doch ich hatte in Erfahrung bringen können, daß sich auch Bernd-Ulrich einen Rechtsanwalt genommen hatte.

Während der gesamten Fahrt blieben wir in den kleinen Zellen mit Handschellen gefesselt und hielten in der Hand ein paar in Butterbrotpapier eingewickelte Brote, die uns die Haftanstalt mit auf den Weg gab, denn Gerichtsverhandlungen konnten sich den ganzen Tag über hinziehen.

Nach etwa einer dreiviertel Stunde hielt das Auto, fuhr dann ein kurzes Stück weiter und wendete einige Male. Wir spürten, wir hatten das Gerichtsgelände erreicht.

Erinnerungen an die Schulzeit

Als ich etwa 14 Jahre alt war, nahm meine Schulklasse an einer Gerichtsverhandlung teil. Verurteilt wurde ein allgemein bekannter Schüler, der zwei Klassen über uns stand. Der Staatsanwalt warf ihm Diebstahl und asoziales Verhalten vor. Er wurde zu einer Gefängnisstrafe verurteilt, an deren Höhe ich mich heute nicht mehr erinnern kann. Es war seine erste Konfrontation mit dem Gesetz und die Gerichtsverhandlung sollte uns Schülern zur Abschreckung dienen.

Im Laufe der Verhandlung wurde das gesamte Leben des jungen Angeklagten offengelegt. Es kam zur Sprache, wie seine schulischen Leistungen aussahen, welche Freunde er hatte, welche Kontakte er pflegte, welche Fernsehsendungen er bevorzugt, welchen Hobbys er nachging.

Nichts blieb uns verborgen und es war nur allzu deutlich, wie peinlich ihm diese Situation war.

Nach der Urteilsverkündung weinte er bitterlich. Wahrscheinlich hatte er nicht damit gerechnet, ins Gefängnis zu müssen, denn zu diesem Zeitpunkt war er noch nicht einmal volljährig und es war seine erste Straftat. Als ihm die Handschellen zum Abtransport angelegt wurden, ging seine Mutter auf ihn zu und umarmte ihn. Auch sie weinte.

Die Polizei im Gericht riß die beiden roh auseinander, was uns junge Leute doch sehr erschreckte. Später versuchte der Staatsanwalt, uns den Vorfall zu erklären. Viel zu oft, behauptete er, würden bei solchen Umarmungen dem Gefangenen verbotene Gegenstände zugesteckt, die dann ins Gefängnis geschmuggelt werden.

Doch keiner meiner Schulkameraden konnte sich vorstellen, daß diese Mutter ihrem Sohn bei der Umarmung etwas zustecken wollte. Wie sollte sie das auch, wenn an die dreißig Augenpaare auf sie hafteten?

Vor dem Richter

Meine Angst, auch bei meiner Verhandlung eine Schulklasse auf den Zuschauerbänken vorzufinden, war sehr groß. Die Vorstellung, bekannte Gesichter in den Zuschauerbänken zu sehen und so ein Gesprächsthema in meiner Heimatstadt zu werden, schreckte mich mehr, als das zu erwartende Urteil.

Als ich den Gerichtssaal betrat und nur meine Eltern und den Vertreter des Lehrlingskollektivs von Greifswald im Zuschauerraum sah, fiel mir ein Stein vom Herzen. Die erste Hürde war für mich genommen. Wie ich später erfuhr, waren politische Prozesse in der DDR grundsätzlich unter Ausschluß der Öffentlichkeit. Eine Schulklasse oder neugierige Personen hätten also gar nicht an der Gerichtsverhandlung teilnehmen dürfen, selbst wenn sie es gewollt hätten.

Bernd-Ulrich mußte sich derartige Sorgen nicht machen. Das Gericht in Klötze lag viel zu weit von seinem Heimatort entfernt. Hier in Klötze kannte ihn niemand, und noch nicht einmal seine Eltern waren zur Verhandlung gekommen.

Nachdem der Richter unsere Personalien festgestellt und der Staatsanwalt die Anklage vorgelesen hatte, wurden wir zu unserer mißglückten Flucht befragt. Wir bereuten öffentlich unsere Tat und versicherten, es war unsererseits ein Ausrutscher und wir wollten nun nicht mehr nach Westdeutschland. Wir versicherten, alles zu tun, um die Lehre als Baufacharbeiter fortsetzen zu können, wenn uns das Gericht die Chance dazu gab.

Doch ein vernichtendes Urteil kam vom Kollektivvertreter. Er sagte bei der Befragung durch den Richter aus, wir hätten keine Lust zur Arbeit gehabt und wollten uns nicht in das Lehrlingskollektiv einfügen. Auch kam es während der Lehrausbildung hin und wieder zu Diebstählen im Schlafsaal der Lehrlinge, die der Kollektivvertreter jetzt Bernd-Ulrich und mir anlastete. Denn angeblich sei nach unserem Fluchtversuch nichts mehr gestohlen worden.

Verteidigen konnten wir uns gegen diese Anschuldigung nur wenig, denn schließlich waren wir die Kriminellen, die gegen das Gesetz verstoßen hatten, und der Vertreter des Kollektivs eine Person, der das Gericht uneingeschränktes Vertrauen schenkte.

Unseren Rechtsanwälten schien die Sache nicht wichtig zu sein. Sie gingen darauf nicht ein, sondern saßen die meiste Zeit nur da und hörten zu. Von einer Verteidigung konnte nicht die Rede sein.

Das Urteil

Während einer Verhandlungspause beugte sich Rechtsanwalt Schernikau zu mir und sagte in leisem Ton: »Die Mindeststrafe für Ihren Fluchtversuch wird ein Jahr Freiheitsentzug sein. Sie haben die Flucht zu zweit durchgeführt, das wird das Gericht als strafverschärfend werten. Hätten Sie die Flucht allein unternommen, wäre eine Bewährungsstrafe möglich gewesen. Es wirkt sich allerdings günstig für Sie aus, daß Sie zum Tatzeitpunkt noch minderjährig waren. Die Zeit der Untersuchungshaft wird allerdings der Gefängnisstrafe angerechnet.«

Ich konnte nach diesen Worten kaum einen klaren Gedanken fassen. Bis zu diesem Moment hatte ich mit einer Bewährungsstrafe gerechnet. Seine Worte bedeuteten für mich nichts anderes, als noch für mindestens acht Monate ins Gefängnis zu müssen.

Ich zitterte am ganzen Körper. Was hatte ich denn getan, um so erbarmungslos bestraft zu werden? Ich saß bereits über vier Monate hinter Gittern und hatte in dieser Zeit viel Schlimmes erlebt. War das nicht Strafe genug? All unsere Argumente, wir hätten ja noch nicht einmal die Staatsgrenze erreicht, zählten vor Gericht nicht. Unsere Bitten, wir würden gern die Lehre fortsetzen, wurden ignoriert. Der Richter und seine zwei Schöffen bestraften uns gnadenlos und mit voller Härte, ganz im Sinne des Staatsanwaltes.

Mein Rechtsanwalt schloß sich der Forderung des Staatsanwaltes an und beantragte ebenfalls ein Jahr Freiheitsentzug.

Später erfuhr ich, daß allein die Unterhaltungen zwischen Bernd-Ulrich und mir auf der Chaussee in Stahlbrode ausgereicht hätten, um uns für lange Zeit hinter Schloß und Riegel zu bringen. Diese Gespräche hätten laut Gesetz als Vorbereitung zur Flucht gegolten, und das wurde in der DDR genauso hart bestraft, wie eine Flucht selbst.

I m N a m e n d e s V o l k e s !

In der Strafsache

gegen:

1.
den Lehrling Michael M ö h r i n g,
geb. am 08.12.1958 in Wittenberg,
wohnhaft in Klötze, Oebisfelder Str. 44,

in dieser Sache seit dem 07.12.1976 in Untersuchungshaft,
z. Z. in der Untersuchungshaftanstalt in Stendal

Staatsbürger der DDR

2.
den Lehrling Bernd-Ulrich H.,
geb. am 10.08.1959 in Magdeburg,
wohnhaft in Zerbst, XXXX Str. 11,

in dieser Sache seit dem 07.12.1976 in Untersuchungshaft,
z. Z. in der Untersuchungshaftanstalt in Stendal

Staatsbürger der DDR

wegen versuchten ungesetzlichen Grenzübertritts

hat die Strafkammer des Kreisgerichts Klötze in der Sitzung vom 12.04.1977, an der teilgenommen haben:

Kreisgerichtsdirektor Hesse
als Vorsitzender

Angestellte Fietz, Klötze
Schlosser Herms, Beetzendorf
als Schöffen

Kreisstaatsanwalt Romstedt
als Vertreter der Staatsanwaltschaft

Rechtsanwalt Schernikau, Salzwedel
Rechtsanwalt Wiedemann, Zerbst
als Verteidiger

Justizprotokollant Bakausky
als Protokollführer

für Recht erkannt:

Der Angeklagte Möhring wird wegen versuchten ungesetzlichen Grenzübertritts im schweren Fall in Tateinheit mit Vorbereitung zur Nichtrückkehr – Vergehen gem. §§ 213 Abs. 1, Abs. 2 Ziff. 3, Abs. 3[iv]*, 65, 66 StGB*[v] [8]

– zu einer Freiheitsstrafe von 1 – einem – Jahr

verurteilt.

Außerdem wird für ihn Aufenthaltsbeschränkung für alle Grenzgebiete der DDR zur BRD und zur selbständigen politischen Einheit Berlin-West für die Dauer von 3 Jahren ausgesprochen.

Der Angeklagte H. wird ebenfalls wegen versuchten ungesetzlichen Grenzübertritts im schweren Fall in Tateinheit mit Vorbereitung zur Nichtrückkehr – Vergehen gem. §§ 213 Abs. 1, Abs. 2 Ziff. 3, 4, Abs. 3, 65, 66 StGB

– zu einer Freiheitsstrafe von 1 – einem – Jahr und 6 – sechs – Monaten

verurteilt.

Auch für ihn wird Aufenthaltsbeschränkung für alle Grenzkreise der DDR zur BRD und zur selbständigen politischen Einheit Westberlin für die Dauer von 3 Jahren ausgesprochen.

[8] Strafgesetzbuch

Die Auslagen des Verfahrens haben die Angeklagten als Gesamtschuldner zu tragen.

G r ü n d e :

Der 18-jährige Angeklagte Möhring und der 17-jährige Angeklagte H. nahmen am 01.09.1976 eine Lehre als Baufacharbeiter beim VEB[9] BMK[10] Kohle und Energie Kombinatsbetrieb Industriebau KKW[11] Nord Lubmin auf. Sie lernten sich insbesondere durch die gemeinsamen Heimfahrten näher kennen, ohne daß sich jedoch eine Freundschaft zwischen ihnen entwickelte. Beide hatten sowohl Schwierigkeiten im Lernaktiv als auch eine gleiche negative Grundeinstellung zum Lernen. Da in der Anpassungsphase in den Lernaktivs Differenzen zwischen den Lehrlingen aus den Ostseebezirken und den Lehrlingen aus den übrigen Teilen der Republik auftraten, fühlten sie sich auch von dieser Seite her miteinander verbunden.

Der Angeklagte Möhring hat sich nicht kontinuierlich entwickelt. Im familiären Bereich kam es während seiner Schulzeit mehrfach zu einschneidenden Veränderungen. Nachdem er zu dem 2. Mann seiner Mutter gute Kontakte gefunden hatte und dieser den Jungen auch adoptierte, wurde die Ehe geschieden, es wurde dann noch eine Schwester geboren und schließlich heiratete die Mutter ein 3. Mal. Diese Veränderungen wurden sichtbar in einer nicht positiven Lernhaltung des Angeklagten, der im letzten Schuljahr besonders auffällig wurde und schließlich auch das Ziel der 10. Klasse nicht erreicht hat. Trotzdem erklärte sich der Lehrbetrieb bereit, die Lehrausbildung seinem Berufswunsch entsprechend zu übernehmen. Der labile Jugendliche mußte in dem völlig neuen Lebensbereich mit einer Reihe von Schwierigkeiten fertig werden und sah die Lösung seines Problems bereits Ende September 1976 darin, die Deutsche Demokratische Republik ungesetzlich zu verlassen und sich damit von allen Bindungen zu befreien. Die Bekanntschaft mit dem Mitangeklagten kam diesen Überlegungen entgegen. Der Angeklagte Möhring hatte festgestellt, daß

---

[9] volkseigener Betrieb
[10] Bau- und Montagekombinat
[11] Kernkraftwerk

der Mitangeklagte einschlägig vorbestraft ist und ebenfalls mit erheblichen Anpassungsschwierigkeiten zu tun hat. So kam es dann im November zu ersten Gesprächen zwischen beiden, in denen sie sich einig wurden, zu einem gegebenen Zeitpunkt gemeinsam die DDR ungesetzlich zu verlassen. Am 04. und 05.12.1976 waren beide nach Hause gefahren und im Elternhaus des Angeklagten H. kam es wieder einmal zu erheblichen Auseinandersetzungen, die darin gipfelten, daß die Mutter dieses Angeklagten zu verstehen gab, daß sie sich zum Zeitpunkt seiner Volljährigkeit von ihm trennen würde.

Am Morgen des 06.12.1976 trafen sich beide auf dem Bahnhof, und durch die Bemerkung des Angeklagten H., er sei für 14 Tage krankgeschrieben, wurde für den Angeklagten Möhring klar, daß noch am gleichen Tag der Versuch des ungesetzlichen Grenzübertritts begangen werden sollte. Sie vereinbarten, sich um 17.00 Uhr zu treffen, suchten dann jeweils ihre Unterkünfte auf und packten Bekleidungsgegenstände und ihr restliches Geld ein sowie wichtige Papiere und der Angeklagte Möhring auch einen Atlas. Der Angeklagte H. verschlief aber und kam erst am Bahnhof an, als der Angeklagte Möhring sich bereits entschlossen hatte, den geplanten Versuch allein zu unternehmen. Der Angeklagte Möhring erwarb eine Fahrkarte nach Leipzig, der Angeklagte H. hatte bereits eine Rückfahrkarte nach Zerbst gelöst und um 20.55 Uhr bestiegen beide den Zug nach Erfurt, fuhren bis Leipzig und am Morgen des 07.12.1976 um 5.30 Uhr traten sie die Weiterreise nach Altenburg an. Um 9.35 Uhr fuhren sie dann von Altenburg über Zwickau nach Johanngeorgenstadt. Während der Fahrt nahm der Angeklagte Möhring grobe Einzeichnungen auf dem mitgeführten Atlas vor, die er dann dem Mitangeklagten zeigte. Sie wurden sich einig, die Staatsgrenze zur ČSSR im Raum Johanngeorgenstadt ungesetzlich zu überschreiten, um dann von der ČSSR aus in die BRD zu gelangen. Eine Grenzübergangsstelle wollten sie deshalb nicht benutzen, weil der Angeklagte H. nur im Besitz eines PM 12 war. Wann, wie und wo sie die Staatsgrenze von der ČSSR zur BRD durchbrechen wollten, war noch nicht besprochen. Auf der Strecke zwischen Schwarzenberg und Johanngeorgenstadt wurden sie bereits kontrolliert und bei ihrer Ankunft auf dem Grenzbahnhof von den Sicherheitsorganen vorläufig festgenommen.

In der Beweisaufnahme ergab sich aus dem Geständnis beider Angeklagter und den übrigen Beweismitteln zweifelsfrei, daß die Angeklagten den Versuch unternommen haben, ohne behördliche Genehmigung über die ČSSR die DDR ungesetzlich zu verlassen. Sie handelten dabei in der Alternative der versuchten Nichtrückkehr in die DDR und da sie auch mit einem gemeinsamen Tatentschluß und arbeitsteilig die Handlung durchführten, handelten sie in einer Gruppe und erfüllten damit objektiv wie subjektiv den Tatbestand des § 213 Abs. 1, Abs. 2 Ziff. 3, Abs. 3 StGB. Der Angeklagte H. ist einschlägig vorbestraft und erfüllte daher auch die Ziff. 4 des Abs. 2 des § 213 StGB. Am 17.12.1976 wäre die Bewährungszeit abgelaufen. Inzwischen war aber bereits das neue Ermittlungsverfahren eingeleitet. Bei der Begehung der Straftat stand der Angeklagte Möhring kurz vor der Vollendung seines 18. Lebensjahres, der Angeklagte H. war 17 Jahre alt, aber durch die vorangegangene Verurteilung bereits mit den Folgen einer solchen Straftat vertraut, so daß beide sowohl vom Alter als auch ihrer Schulbildung, ihrer politischen Erziehung und der Lebenserfahrung durchaus in der Lage waren, das Strafbare ihres Verhaltens zu erkennen und ihr Verhalten entsprechend einzurichten. Der § 66 StGB ist für beide erfüllt.

Bei der Beurteilung der Schwere der Straftat gem. § 61 StGB[vi] *war zu berücksichtigen, daß sich bei beiden Angeklagten bereits Abweichungen in der normalen Entwicklung abzeichneten, wenn auch in unterschiedlicher Weise, und daß der Grad der Verwirklichung der Straftat keine besondere Schwere erreichte, da sie bereits in Johanngeorgenstadt festgenommen wurden.*

In ihren Schlußvorträgen versuchten sowohl der Anklagevertreter als auch die beiden Verteidiger die Ursachen für das Straffälligwerden der beiden Angeklagten aufzudecken. Bei den begünstigenden Umständen war das relativ einfach. Die Erziehungssituation in beiden Elternhäusern, die natürlichen Anpassungsschwierigkeiten im Lehrbetrieb, das fehlende Zusammenspiel der Erziehungsträger und die nicht straff organisierte Freizeit im Internat wurden zurecht als solche Faktoren genannt. Die Ursachen liegen aber zweifellos tiefer. Allen Erziehungsträgern war es nicht gelungen, in den beiden Jugendlichen eine feste Verbundenheit mit unserem sozialistischen Staat zu wecken, sie zu einem klassenbewußten Verhalten zu erziehen, denn nur so ist es zu erklären, daß sie in einer Konfliktsituation zu einer so unverständlichen Entscheidung kamen. Beide Angeklagten erklären zwar, daß sie den menschenfeindlichen Charakter der BRD kennen und wußten, daß sie dort keine Entwicklungsmöglichkeiten haben werden und sie wurden auch nicht durch Einflüsse aus den kapitalistischen Ländern zu ihrem Handeln ermutigt.

Ausgehend von diesen Tatsachen erkannte die Strafkammer antragsgemäß beim Angeklagten Möhring auf die Mindestfreiheitsstrafe von 1 Jahr und beim Angeklagten H. unter Berücksichtigung seiner Vorstrafe auf eine Freiheitsstrafe von 1 Jahr und 6 Monaten. Dem Antrag des Anklagevertreters, die Vollstreckung der angedrohten Freiheitsstrafe aus dem Urteil des Kreisgerichts Zerbst vorzunehmen, konnte nicht entsprochen werden, da das Kreisgericht Zerbst diese Entscheidung selbst zu treffen hat. Gem. §§ 51, 52 StGB[vii] war für beide Angeklagte auf Aufenthaltsbeschränkung zu erkennen. Da die Eltern des Angeklagten Möhring in einem Grenzkreis wohnen und der Kontakt zur Familie auf jeden Fall aufrecht erhalten bleiben muß, war bei ihm eine Aufenthaltsbeschränkung für alle Grenzgebiete zur BRD und der politischen Einheit Westberlin auszusprechen, beim Angeklagten H. Aufenthaltsbeschränkung für alle Grenzkreise. Die Strafkammer hält aber hier eine Aufenthaltsbeschränkung von 3 Jahren für ausreichend unter Beachtung der Dauer der Strafverbüßung, die er zu erwarten hat. Die Strafkammer erwartet vom Ausbildungsbetrieb eine gut durchdachte Entscheidung bezüglich der Fortsetzung des Lehrverhältnisses nach Strafverbüßung, um für beide Angeklagte die Berufsausbildung zu sichern, entsprechend ihren eigenen Vorstellungen.

Die Auslagenpflicht ergibt sich aus den §§ 364, 365 StPO[viii].

gez. Hesse gez. Fietz gez. Herms

Ausgefertigt: Klötze den 12. April 1977

Stempel: Vorstehendes Urteil ist seit dem 20. April rechtskräftig bezüglich des Angeklagten Möhring.

Nach der Gerichtsverhandlung, die innerhalb weniger Stunden abgehandelt war, ging es zurück in die Untersuchungshaftanstalt Stendal. Auf dem Rückweg in der grünen Minna hatte ich kaum die Möglichkeit, mit Bernd-Ulrich zu sprechen. Jeder Versuch einer Unterhaltung wurde von den mitfahrenden Wärtern harsch unterbunden.

Bernd-Ulrich ging später in Berufung. Ich verzichtete darauf, denn laut Gesetz bekam ich bereits die Mindeststrafe, obwohl diese mit einem Jahr Freiheitsentzug ziemlich hoch ausfiel. Das Berufungsurteil änderte das Urteil von Klötze nur unwesentlich. Am Strafmaß selbst änderte sich für Bernd-Ulrich nichts.

Während meiner vier Monate in Untersuchungshaft habe ich nur einen Untersuchungshäftling kennengelernt, der nach der Urteilsverkündung auf Bewährung nach Hause gehen konnte. Es war der sechzehnjährige Junge, den ich gleich nach meiner Ankunft in der Untersuchungshaftanstalt Stendal kennenlernte. Verurteilungen auf Bewährung waren in der DDR eher die Ausnahme.

Bernd-Ulrichs Berufung bedeutete für mich, bis das Urteil am 16. Mai 1977 rechtskräftig wurde, weiterhin in Stendal zu bleiben. Mir war es recht, denn in der Untersuchungshaftanstalt wußte ich, woran ich war. Vor dem Gefängnis hatte ich große Angst. Stellte ich mir das Gefängnis vor, sah ich die Zustände in der Untersuchungshaftanstalt Magdeburg vor mir. Dann wußte ich nicht, wie ich die nächsten Monate überstehen sollte.

Nachdem das Urteil rechtskräftig wurde, kam ich in eine Zelle mit acht Betten. Hier wartete ich mit einigen anderen Gefangenen auf den Transport ins Gefängnis.

Wohin ich kommen würde, wußte ich nicht. Sicher war nur, es wird nicht ein Gefängnis für Schwerverbrecher sein. Ersttäter mit geringer Haftstrafe kamen in ein Gefängnis für leichten Vollzug.

Mir waren nun Gegenstände wie Rasierklingen, Besteckmesser oder eine Nagelschere erlaubt. Das machte viele Dinge einfacher.

In dieser Transportzelle blieb ich etwa eine Woche, dann ging es mit dem Gefängniszug zum eigentlichen Gefängnis. Wohin es letztendlich ging, sollte ich erst am Ende der Reise erfahren. Selbst Anfragen bei den Wärtern nützten nichts. Sie gaben diesbezüglich keine Auskunft, obwohl sie die Antwort kannten.

Klar war nur, die Haftanstalt würde weit entfernt vom Wohnort sein, um die familiären Bindungen der Gefangenen zu ihren Familien zu erschweren.

Manche Gefangene hatten Glück und konnten auf den Aufklebern ihrer Gepäckstücke erkennen, wohin die Reise ging. Ich hatte nicht dieses Glück, allerdings konnte ich die Haftanstalten eingrenzen, in die ich vielleicht gebracht werden könnte. Die Zahl der Gefängnisse in der DDR war überschaubar, und ein paar davon, wie die in Brandenburg, Bützow und Bautzen, waren nur für Schwerverbrecher gedacht. Ich rechnete nicht damit, dorthin zu müssen.

Noch lag mehr als die Hälfte der Haftzeit vor mir. Die bevorstehenden acht Monate im Gefängnis sollten eine Zeit werden, an die ich noch heute - 40 Jahre später - täglich erinnert werde, denn es war nicht nur Freiheitsentzug, der mich erwartete. Hinter Mauern, Gittern und Stacheldraht kann viel geschehen, was vor der Öffentlichkeit totgeschwiegen werden kann.

Der Schutz des Menschen spielte in DDR-Gefängnissen bestenfalls eine untergeordnete Rolle. An erster Stelle kam die Bestrafung, die der Gesetzgeber zynisch »Erziehung« nannte.

Salzwedel, den 12.04.1977

Kollegium der Rechtsanwälte
im Bezirk Magdeburg
Zweigstelle Salzwedel
Helmut Schernikau
Rechtsanwalt

356 Salzwedel
Westermarkstraße 3

Codierter Zahlungsgrund 342 – 477

Frau
Ingeburg Barth
358 Klötze (Altmark)
Oebisfelder Straße 44

Sehr geehrte Frau Barth!

In der Strafsache gegen Ihren Sohn Michael Möhring überreiche ich Ihnen in der Anlage die Kostenrechnung und bitte um gefällige Begleichung des noch offenstehenden Restbetrages.

Ich werde, wie abgesprochen, zu gegebener Zeit ein Gesuch wegen vorzeitiger Entlassung aus der Strafhaft einreichen.

Hochachtungsvoll
(Unterschrift)

Es war von Bernd-Ulrich sträflicher Leichtsinn, *elf Tage vor dem Ende der Bewährungszeit* erneut einen Fluchtversuch zu unternehmen. Er war ab dem 6. Dezember vierzehn Tage krankgeschrieben und hätte die Flucht verschieben können. Mir wäre es egal gewesen, ein diesbezügliches Wort von ihm hätte gereicht. Doch er sprach in Greifswald nicht ein einziges Mal davon, wie nahe er dem Ende seiner Bewährungszeit war.

Diese elf Tage kosteten Bernd-Ulrich nicht nur ein halbes Jahr Gefängnis mehr als mir, auch die angedrohte Gefängnisstrafe der ersten Verurteilung kam noch hinzu und ich bin mir ziemlich sicher, er mußte die Strafe bis zum letzten Tag absitzen.

Bei den Vernehmungen und bei der Gerichtsverhandlung sagten wir nicht gegeneinander aus. Keiner gab dem anderen jemals die Schuld an der mißglückten Flucht. Wir wußten, wir wurden verurteilt, weil wir uns zu arglos in ein Abenteuer stürzten.

Am Tag der Gerichtsverhandlung sah ich Bernd-Ulrich das letzte Mal. Ich hoffe, daß es ihm in seinem Leben gut erging.

Das Gefängnis in Naumburg

Wieder fuhr ich mit dem Grotewohl-Expreß quer durch die DDR. Diesmal schien die Reise Richtung Süden zu gehen. Das gab mir die leise Hoffnung, ins Gefängnis Karl-Marx-Stadt zu kommen und noch vor dem Ende meiner Haftzeit auch ohne Übersiedlungsantrag nach Westdeutschland abgeschoben zu werden.

Meine Endstation war jedoch Naumburg. Ich kannte diese Stadt bisher nur von der Landkarte. Auch hatte ich in der Untersuchungshaft nichts von dieser Strafvollzugseinrichtung gehört. Sie lag rund 260 km von Klötze entfernt. Für meine Eltern, die damals kein Auto besaßen, war es somit nicht leicht, mich zu besuchen. Mit dem Zug würden sie den ganzen Tag unterwegs sein, und mindestens einen Urlaubstag kostete es sie auch.

Die ersten Tage sah ich nur wenig von diesem Gefängnis, denn alle Neuankömmlinge wurden zuerst in große Übergangszellen gesperrt. Hier mußten wir bleiben, bis wir in die Zellen der Haftanstalt verlegt wurden.

Gleich am ersten Tag ging es zu den Effekten, wo unsere Kleidung und sonstige Gegenstände, die sich im Koffer befanden, überprüft und eingelagert wurden. Auch die Zivilkleidung wurde mir jetzt abgenommen. Statt dessen gab es kragenlose blau-weiß-karierte Hemden und ausgediente Armeeuniformen, an denen seitlich und auf dem Rücken vertikale gelbe Streifen angenäht waren. Diese Uniformen paßten mehr schlecht als recht, juckten und waren unbequem.

Die Zelle, in die ich schließlich kam, hatte acht zweistöckige Betten, einen Tisch, ein paar Hocker, Schränke und ein angrenzendes Bad. Die Fenster waren vergittert, aber nicht verblendet. Es war angenehm, nach vielen Monaten wieder durch ein Fenster den Himmel sehen zu können.

Viele Häftlinge waren in meinem Alter und einige davon wie ich wegen versuchten illegalen Grenzübertritts in Haft.

Auch diese Zellen hatten einen Verwahrraumältesten. Es war ein Mann, den ich auf etwa fünfundvierzig Jahre schätzte. Er war untersetzt, am ganzen Körper tätowiert und sichtlich nicht das erste Mal im Gefängnis. Um ihn herum hatte sich eine Clique gegründet, die schwächeren Zelleninsassen das Leben in der Haft zusätzlich erschwerte.

Mußten die Gefangenen in der Untersuchungshaftanstalt vor der Zelle mit dem Gesicht zur Wand stehen, wenn die Zellentür geöffnet wurde, so hieß es jetzt, sich mit dem Rücken zur Wand zu stellen. Nach all den Monaten in Untersuchungshaft dauerte es einige Zeit, bis ich mich daran gewöhnt hatte.

Die Gefangenen der Haftanstalt waren in verschiedenen Gruppen eingeteilt, die man »Brigaden« nannte. Der Wärter, der für eine Brigade zuständig war, hieß »Erzieher«. Der Vorgesetzte des »Erziehers« war der Anstaltsleiter. Bei Beschwerden, Bitten oder Anfragen mußte immer zuerst der »Erzieher« aufgesucht werden. Hierzu war ein Termin notwendig, den der Gefangene schriftlich zu beantragen hatte.

Die Zellen hatten innen über der Tür einen Lautsprecher. Hier wurden Durchsagen gebracht oder an arbeitsfreien Tagen Radiosendungen wiedergegeben. Einmal in der Woche lief die Sendung »DT64«. Welche Lieder dann gespielt wurden, konnten wir ein paar Tage zuvor in der

Zeitung *»Junge Welt«* nachlesen. Es war die einzige Möglichkeit, westliche Musik zu hören, deshalb freuten wir uns die ganze Woche auf diese Sendung.

Neben der »Jungen Welt«, ein paar Brett- und Kartenspiele oder Bücher gab es tagsüber keine Freizeitbeschäftigung. Abends konnten die Gefangenen für zwei Stunden in den Speisesaal, der zu dieser Zeit als Fernsehraum diente. Gesehen werden durften nur ausgewählte Sendungen bis Punkt 22 Uhr. Lief eine Sendung länger, konnten die Gefangenen nur auf die Kulanz der Wärter hoffen, um noch das Ende sehen zu können.

1. Junibrief

Naumburg, den 2. Juni 1977

Liebe Eltern!

Vielen Dank für das Paket. Ich hätte nicht gedacht, daß es so schnell geht. Briefmarken braucht Ihr mir nicht zu schicken, ich bekomme sie doch nicht ausgehändigt. Wenn ich hier schreibe, bekomme ich die Briefmarken von der Strafvollzugseinrichtung. Kaugummi ist hier auch nicht erlaubt. Aber vielen Dank für alles, was Ihr mir geschickt habt.

Wie geht es Euch sonst? Liegt Silke noch im Krankenhaus? Ich hoffe ja, daß sie zum Kindertag wieder draußen ist. Wie war Pfingsten?

Habt Ihr schon die Sprecherlaubnis erhalten? Sie müßte mit dem Paketschein gekommen sein. Wenn es natürlich schlecht geht, braucht Ihr nicht zu kommen. Für eine Stunde Sprechzeit zwei Tage Fahrt ist sehr viel. Aber vielleicht ist es von Wittenberg aus nicht so weit. Na ja, Ihr werdet ja sehen. So, viele Grüße an Silke, Oma und allen anderen von

Eurem Michael

Zwischen den Stanzen

Zur Arbeit wurde ich in einer Möbelfabrik, die außerhalb des Gefängnisses lag, im Drei-Schicht-System eingesetzt. Gearbeitet wurde in den Strafvollzügen der DDR jahraus und jahrein. Urlaub gab es für die Gefangene nicht und Erholung nur an den freien Tagen.

Zu jeder Schicht ging es mit dem Gefängnisbus quer durch die Stadt. Außen an den Fenstern war Maschendraht befestigt, die Scheiben waren durchsichtig. Für mich war diese tägliche Fahrt zur Arbeit sehr bedrückend, denn täglich sah ich Menschen auf der Straße, die in ihrer eigenen Kleidung auf den Gehwegen entlang spazierten, Fahrrad fuhren oder einkauften. Das zu sehen schmerzte sehr. Wie sehr wünschte ich mir in diesen Augenblicken, einer der Menschen dort draußen auf der Straße zu sein! Trotzdem brachte ich es nicht fertig, nicht aus dem Fenster zu sehen. Im Gefängnis gab es weder Gras noch Bäume. Dort herrschten Beton, Eisen und künstliches Licht vor. So war die kurze Fahrt durch die Stadt eine Wohltat für meine Augen.

Die Menschen auf der Straße nahmen den Gefängnisbus kaum wahr. Sah mich doch jemand von der Straße an, so hatte ich jedes Mal das Bedürfnis, ihm zu sagen, daß ich nichts verbrochen hatte und unschuldig eingesperrt war, denn noch immer schämte ich mich dafür, hinter Gittern zu sein. Es war für mich ein Makel, etwas Unanständiges. Da nützte es mir auch nichts, wenn ich mir klarmachte, daß der Staat der eigentliche Verbrecher war.

02.06.1977

Helmut Schernikau
Rechtsanwalt
356 Salzwedel/Altmark
Westermarkstraße 2
Mitglied des Kollegiums der
Rechtsanwälte im Bezirk Magdeburg

Herrn
Staatsanwalt des Kreises
358 Klötze

In der Strafsache

gegen den Lehrling Michael M ö h r i n g, geboren am 08.12.1958 in Wittenberg, wohnhaft in Klötze, Oebisfelder Straße 44,

wegen versuchten ungesetzlichen Grenzübertritts im schweren Fall

rege ich an, dem Verurteilten gemäß § 45 StGB[ix] in Verbindung mit § 349 StPO[x]

Strafaussetzung auf Bewährung zu gewähren.

Begründung:

Durch Urteil des Kreisgerichts Klötze vom 12.04.1977 wurde der Obengenannte wegen versuchten ungesetzlichen Grenzübertritts im schweren Fall gemäß § 213 Absatz 1 und 2, Ziffer 3, Absatz 3 StGB zu einer Freiheitsstrafe von 1 Jahr verurteilt. Außerdem wurde auf Aufenthaltsbeschränkung für alle Grenzgebiete für die Dauer von 3 Jahren erkannt.

Die Freiheitsstrafe wird seit 07.12.1976 verbüßt, so daß gegenwärtig die Hälfte der Strafe bereits verbüßt ist.

Nach den mir vorliegenden Informationen ist das Verhalten des Verurteilten im Strafvollzug nicht zu beanstanden. Bereits durch sein

Verhalten in der Hauptverhandlung kam zum Ausdruck, daß er aus der Straftat für die Zukunft die richtigen Schlußfolgerungen gezogen hat.

Der Verurteilte befand sich zur Zeit seiner Inhaftierung im 1. Lehrjahr.

Bei einer Strafaussetzung auf Bewährung bis zum 01.09.1977 würde die Möglichkeit bestehen, die Lehre fortzusetzen.

Die Erteilung einer entsprechenden Auflage als Bewährungsverpflichtung würde einen großen erzieherischen Wert haben und die weitere Entwicklung des zur Tatbegehung noch jugendlichen Täters positiv beeinflussen.

Ich bitte, diese Anregung zu prüfen und mir Ihre Entscheidung mitzuteilen.

gezeichnet: H. Schernikau
Rechtsanwalt

Die Hallen in der Fabrik waren durch die Stanzen, Schleif- und Poliergeräte äußerst laut und schmutzig. Wir hatten alle Zivilisten, die in der Fabrikhalle arbeiteten, mit *»Meister«* anzusprechen, wie zu früheren Zeiten die Sklaven ihre Herren, denn es spielte keine Rolle, ob sie tatsächlich über eine derartige Qualifizierung verfügten.

In den ersten Tagen schämte ich mich jedoch, diese anzusprechen, und tat es nur, wenn es wirklich notwendig war.

Gleich am ersten Tag wurde ich an einer der zahlreichen Stanzen eingesetzt. Diese Maschinen wirkten auf mich gewaltig. Sie waren größer als ich, grün und ölverschmiert. Vor der Stanze stand ein Hocker, worauf sich der Gefangene während der Arbeit setzen konnte. Links und rechts des Hockers standen je eine Palette mit einer Metallgitterkiste. In einer Kiste waren die zu stanzenden Teile, in die andere kamen die fertigen Teile.

Zur Bedienung der Maschine waren zwei Schalter vorgesehen, die weit genug auseinander waren, um sie nicht mit einer Hand bedienen zu können. Nur wenn beide Schalter gleichzeitig gedrückt wurden, setzte sich die Stanze in Bewegung und verrichtete laut krachend ihre Arbeit. Andere Sicherheitsvorkehrungen gab es nicht. So war es nicht verwunderlich, daß es immer wieder zu Unfällen kam. Quetschungen, Abschürfungen oder gar Verstümmelungen kamen immer wieder einmal vor.

Gefängnisleitung und Möbelfabrik nahmen es billigend in Kauf, für sie war nur wichtig, ob am Ende der Schicht der Tagesplan geschafft wurde.

Erreichte ein Gefangener die Arbeitsnorm nicht, drohten, wie seinerzeit bei den Sklaven auch, Strafmaßnahmen. Das konnte Fernsehverbot sein oder die Streichung irgendwelcher Vergünstigungen oder gar der Besuchsgenehmigung.

Ein ziviler Arbeiter gab mir Ohrenschützer gegen den Lärm und erläuterte mir den Arbeitsablauf an der Stanze. Die Einweisung dauerte nur wenige Augenblicke. Er erklärte mir die beiden Knöpfe, welche die Stanze in Gang setzten, und wie die Metallteile in die Maschine einzulegen waren. Anschließend wurde ich darauf hingewiesen, welche Anzahl an zu stanzenden Teilen ich täglich zu schaffen hätte. Die erste Woche bekäme ich jedoch Einarbeitungszeit, wo die Norm nur anteilig, jedoch täglich ansteigend, erfüllt werden mußte.

Auf eventuelle Gefahren, die beim Umgang mit einer Stanze drohen, wurde nicht hingewiesen.

Anfangs ging ich sehr behutsam und langsam vor. Bisher war ich noch nie mit derart großen Maschinen in Berührung gekommen, deshalb waren sie mir nicht geheuer. Nun sollte ich daran bald nach Norm arbeiten.

Anderen Gefangenen, die schon länger an solch einer Stanze arbeiteten, ging die Arbeit leicht von der Hand und sie erreichten, wenn auch mit Mühe, die tägliche Arbeitsnorm. Beobachtete ich sie, so fiel mir auf, daß sie sich eher wie Roboter als wie Menschen benahmen. Jeder Handgriff saß. Kaum ein Blick ging nach links oder rechts. Sie sprachen kein Wort, sondern wiederholten ständig dieselben Bewegungen. Alles war ihnen schon in Fleisch und Blut übergegangen.

Ich ahnte, es würde lange dauern, das zu erreichen, was täglich vorgegeben war. Falls ich diese stumpfsinnige Arbeit nach Norm überhaupt jemals schaffen sollte.

Neue Ängste

358 Klötze, den 06.06.1977
Tel. 2825

Ingeburg B a r t h
Oebisfelder Str. 44

Lehrmeister
Herrn B r o s z e i t
2207 L u b m i n

Werter Herr Broszeit!

Absprachegemäß möchte ich Ihnen die neue Adresse meines Sohnes Michael Möhring übersenden und Sie recht herzlich bitten, zwecks Aufhebung des Urteils auf Bewährung sich an den Staatsanwalt des Kreises Klötze zu wenden.

Vom Rechtsanwalt sind bereits die nötigen Schritte eingeleitet worden.

Auch wäre ich Ihnen sehr dankbar, wenn Sie sich mit Michael in Verbindung setzen würden. Für ihn wäre es leichter, zu wissen, daß der Betrieb sich noch um ihn kümmert.

Wenn es Ihnen möglich ist, sprechen Sie doch bitte noch einmal mit dem Lehrausbilder von Michael, denn das Tonband und sämtliche Werkzeuge von Michael sind noch nicht bei uns eingegangen.

Für Ihre Bemühungen bedanke ich mich im voraus und hoffe, bald etwas von Ihnen zu hören.

Mit freundlichen Grüßen
(Unterschrift meiner Mutter)

Adresse von Michael:
Michael Möhring
48 N a u m b u r g
Am Salztor 5

Es verging kein Tag, an dem ich nicht die Tage bis zur Entlassung zählte. Immer wieder stieg der Gedanke in mir hoch, ich würde vielleicht nie entlassen werden. Immerhin war ich ein Feind des Staates und die Todesstrafe war noch nicht abgeschafft. Auch wenn es nie öffentlich gesagt wurde, so war doch allgemein bekannt, daß schon viele Systemgegner hingerichtet wurden. Dieses geschah durch Kopfschuß, und jeder Gefangene wußte darüber Bescheid.

Zwar war mein Fall nicht so schwerwiegend, als daß ich dafür die Todesstrafe bekommen hätte, die Vorstellung war tatsächlich absurd, doch ließ mich der Gedanke nicht los, ich werde am 6. Dezember aus irgendeinem Grund doch nicht entlassen.

Wieder und wieder redete ich mir ein, ich sehe alles zu schwarz, aber der Gedanke ließ sich nicht vertreiben. Die Zeit bis Dezember schien in unendliche Ferne zu rücken. Jeden Morgen, wenn ich aufwachte, erschrak ich aufs Neue über meinen derzeitigen Aufenthalt und der drückende Schmerz in der Brust stellte sich wieder ein.

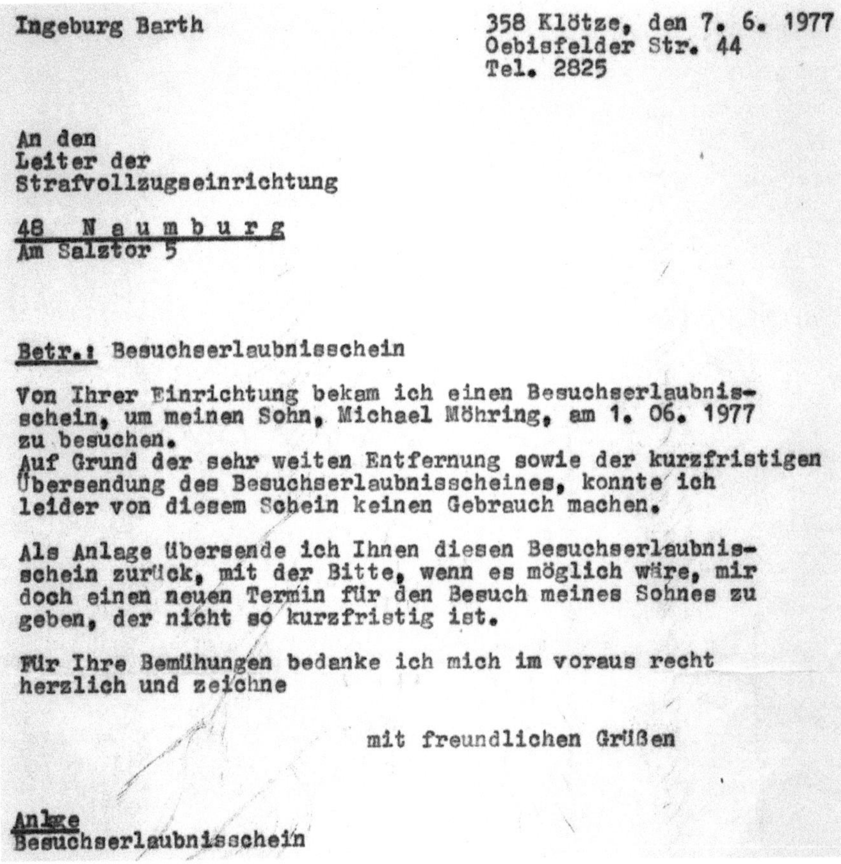

Ingeburg Barth

358 Klötze, den 7. 6. 1977
Oebisfelder Str. 44
Tel. 2825

An den
Leiter der
Strafvollzugseinrichtung

48 N a u m b u r g
Am Salztor 5

Betr.: Besuchserlaubnisschein

Von Ihrer Einrichtung bekam ich einen Besuchserlaubnisschein, um meinen Sohn, Michael Möhring, am 1. 06. 1977 zu besuchen.
Auf Grund der sehr weiten Entfernung sowie der kurzfristigen Übersendung des Besuchserlaubnisscheines, konnte ich leider von diesem Schein keinen Gebrauch machen.

Als Anlage übersende ich Ihnen diesen Besuchserlaubnisschein zurück, mit der Bitte, wenn es möglich wäre, mir doch einen neuen Termin für den Besuch meines Sohnes zu geben, der nicht so kurzfristig ist.

Für Ihre Bemühungen bedanke ich mich im voraus recht herzlich und zeichne

mit freundlichen Grüßen

Anlage
Besuchserlaubnisschein

358 Klötze, den 07.06.1977
Tel. 2825

Ingeburg B a r t h
Oebisfelder Str. 44

An den Leiter der
Strafvollzugseinrichtung
48 Naumburg
Am Salztor 5

Betrifft: Besuchserlaubnisschein

Von Ihrer Einrichtung bekam ich einen Besuchserlaubnisschein, um meinen Sohn, Michael Möhring, am 01.06.1977 zu besuchen.

Auf Grund der sehr weiten Entfernung sowie der kurzfristigen Übersendung des Besuchserlaubnisscheins, konnte ich leider von diesem Schein keinen Gebrauch machen.

Als Anlage übersende ich Ihnen diesen Besuchserlaubnisschein zurück, mit der Bitte, wenn es möglich wäre, mir doch einen neuen Termin für den Besuch meines Sohnes zu geben, der nicht so kurzfristig ist.

Für Ihre Bemühungen bedanke ich mich im voraus recht herzlich und zeichne

mit freundlichen Grüßen
(Unterschrift meiner Mutter)

Anlage
Besuchserlaubnisschein

Der 9. Juni 1977

In der Möbelfabrik wurde ich immer wieder an anderen Stanzen eingesetzt. Die Einarbeitungszeit an den neuen Stanzen betrug jedoch nur einen Tag. Schließlich, so sagte man mir als Begründung, sei ich mit dem Umgang der Maschinen bereits hinreichend vertraut.

Doch die hohe Arbeitsnorm war anfangs für mich kaum zu schaffen, denn Neuankömmlingen wurden nicht die besten Arbeitsplätze zugeteilt. Auch andere Häftlinge hatten Probleme mit der Norm. Am Ende der Schicht wurden alle gestanzten Teile gezählt, oder, falls es kleine Teile waren, gewogen und anschließend für die Weiterverarbeitung mittels Hubwagen in andere Werkshallen gefahren.

Wenn einmal nicht die geforderte Stückzahl erreicht wurde, nahmen wir uns Teile aus anderen Kisten und packten sie in unsere. Dieser kleine Betrug half uns, täglich auf die Arbeitsnorm zu kommen und

Konsequenzen wegen Nichterfüllung der geforderten Leistung zu umgehen.

An welcher Stanze ein Gefangener eingesetzt wurde, bekam er erst vor der Schicht gesagt. Nur alteingesessene Gefangene, die keine Mühe mit der Übererfüllung der Arbeitsnorm hatten, bekamen immer wieder dieselbe Stanze zugeteilt und wurden nur selten versetzt.

Die Stanze, an der ich am 9. Juni 1977 eingesetzt wurde, hatte keinerlei Sicherheitsapparaturen, wie sie an den Stanzen, an denen ich zuvor eingesetzt wurde, besaßen. Sie war nur wenig größer als ich, arbeitete leiser als die meisten der anderen Maschinen und stand etwas abseits. Auch schneller war sie. Während die großen Stanzen sich langsam in Bewegung setzten, hatte diese nur einen kleinen Weg und stanzte das Teil, sobald der Auslöser gedrückt wurde, in nur einer Sekunde.

Die nun von mir zu stanzenden Teile waren etwa fingergroß, wurden mit der Hand in die Maschine gelegt, und mit einem Fußpedal setzte man die Stanze in Bewegung. Als Arbeitsmittel hatte ich, neben Ohrenschützern gegen den Lärm, einen kleinen Metallhaken. Diesen benötigte ich, um verkeilte Teile aus der Maschine zu entfernen.

Anfangs kam es ziemlich häufig vor, daß ich einen Rohling nicht richtig einsetzte und er sich dann in der Stanze festklemmte. Dieses Teil mußte dann mit dem kleinen Haken wieder entfernt werden.

Alles geschah in größter Eile, um die Arbeitsnorm nicht zu gefährden.

In so einer Situation befand ich mich an diesem Donnerstag während der Frühschicht. Der Arbeitstag näherte sich dem Ende, als sich wieder ein Metallteil in der Maschine verklemmte. Mehrere Versuche, die Stanze wieder freizubekommen, schlugen fehl. Der kleine Haken reichte nicht, um das zerstanzte Teil aus der Maschine zu bekommen. Schließlich ging ich zu einem »Meister« und bat um Hilfe.

Danach ging ich wieder zurück zu meiner Stanze und versuchte es weiter. Die Arbeitsnorm hatte ich noch nicht erreicht und so wurde ich ungeduldig, als die angeforderte Unterstützung ausblieb. Immer wieder schaute ich mich nach dem »Meister« um, doch er kam nicht. Mir kam die Idee, die Stanze noch einmal herunterfahren zu lassen, um das verkeilte Teil vollkommen zu zerstören und es dann vielleicht doch herauszubekommen, doch auch das änderte die Situation nicht. Das Teil blieb fest in der Maschine verklemmt, als wäre es ein Teil davon.

Wieder versuchte ich es mit Haken und Fingern und sah mich dabei immer wieder nach Hilfe um. Plötzlich setzte sich die Stanze wieder in Bewegung, und sauste in Sekundenschnelle herunter und wieder hinauf. Ich mußte mit dem Fuß an den Auslöser der Stanze gekommen sein.

Wie ein Blitz schoß es mir durch den Kopf, daß die Maschine in diesem Moment nicht hätte herunterfahren dürfen und eine Vorahnung beschlich mich, die mich wünschen ließ, daß das alles jetzt nicht wirklich geschieht.

Mein Blick war noch immer in Richtung Halle gerichtet. Alle Häftlinge arbeiteten normal weiter, niemand beachtete mich und der »Meister« ließ sich immer noch nicht blicken.

Mir war klar, daß ich mich umdrehen mußte, so unangenehm mir dieser Gedanke auch erschien. Ich mußte mir ansehen, was geschehen war, was die Stanze angerichtet hatte. Und so drehte ich mich langsam um und sah den Arbeitsbereich voller Blut. Meine linke Hand lag noch immer so unter der Stanze, wie zu dem Zeitpunkt, als sie heruntersauste. Durch das viele Blut konnte ich nicht erkennen, wie schwer ich verletzt war.

Ich habe keine Erinnerung mehr daran, wie lange ich in dieser Situation reglos sitzenblieb. Durch den Schock konnte ich mich nicht bewegen. Mehr denn je wünschte ich mir, alles wäre lediglich ein böser Traum.

Irgendwann stand der »Meister« neben mir, sah, was passiert war und kümmerte sich sofort um einen Krankenwagen. Einige Mithäftlinge bemerkten nun den Vorfall und kamen neugierig näher, um zu sehen, was mir geschehen war. Schließlich bemerkten auch die Wärter den Unfall. Sie schickten die neugierigen Häftlinge zu ihren Arbeitsplätzen zurück und sahen sich nun selbst meinen blutigen Arbeitsplatz an.

Als ich meine Hand aus der Stanze zog, sah ich die abgetrennte Fläche an meinem Zeigefinger. Auch der Daumen war betroffen. Beide Fingerkuppen schienen abgetrennt. Das genaue Ausmaß der Verletzungen ließ sich aufgrund des vielen Blutes, das mittlerweile auch einen Großteil des Fußbodens um mich herum bedeckte, nicht ausmachen.

Die Zeit zog sich in die Länge und noch immer war kein Sanitäter in Sicht. Irgendwann hatten die anderen Häftlinge Feierabend. Sie traten an, wurden gezählt und mit dem Bus zurück ins Gefängnis gebracht. Normalerweise hätte unmittelbar danach die zweite Schicht kommen müssen, doch an diesem Tag blieb die Halle leer. Nur einige zivile Arbeiter der Möbelfabrik und zwei Wärter waren jetzt noch anwesend.

Die Wunden wurden zwischenzeitlich mit einer sterilen Kompresse abgedeckt, die man in irgendeinem Verbandskasten fand. Es blutete immer noch stark und die Schmerzen fingen an.

Ein Wärter der nächsten Schicht kam in die Halle, sah mich und kam auf mich zu. Er sagte zu dem neben mir stehenden »Meister«, er solle einmal die Kompresse abnehmen. Ich war froh, nun endlich Hilfe zu bekommen, denn ich vermutete, der Wärter hatte eine medizinische Ausbildung. Je mehr Blut auf den Boden tropfte, desto schwindliger wurde mir. Ich hatte Mühe, mich auf dem Hocker zu halten, auf dem ich seit dem Unfall immer noch saß. Doch der Wärter half nicht. Er war nur neugierig gewesen und wollte meine offenen Wunden sehen. Als er sich sattgesehen hatte, legte der Meister die Kompressen wieder auf meine blutenden Finger.

Nach einer gefühlten Ewigkeit kam der Krankenwagen. Es dauerte dann nicht lange, bis ich im Krankenhaus auf einem Operationstisch lag. Weder der Arzt noch die Krankenschwestern sprachen mit mir. Alle Fragen, die der Chirurg hatte, klärte er mit den beiden Wärtern ab, die mich bewachten. Wenn die Wärter etwas nicht wußten, fragten sie mich, aber nie richtete jemand vom medizinischen Personal das Wort an mich. Ich stellte weder Fragen noch störte es mich in diesem Moment sonderlich, daß ich so geringschätzig behandelt wurde. Ich war eher verwundert darüber.

Die Schmerzen ließen während der örtlichen Betäubung nach. Ein seitlich aufgespanntes Tuch verdeckte mir während der Operation den Blick auf die Tätigkeit des Chirurgen. Ich spürte trotz der Betäubung, wie an der Innenseite meines Unterarms geschnitten wurde. Angst stieg in mir hoch. Angst, der Arzt würde mir nun den Unterarm amputieren. Ich bekam kein Wort heraus. Immer wieder ging mir durch den Kopf, was geschehen war. Und immer noch hoffte ich, alles wäre nur ein Alptraum, der bald vorüber war. Ich wollte wissen, was der Chirurg macht und sah angestrengt in die verchromten Teile an der Lampe über mir, konnte jedoch nichts deutlich erkennen.

Die Operation dauerte sehr lange. Als sie vorbei war, gab der Arzt den Wärtern Anweisungen, wie weiter mit mir zu verfahren sei. Ich fragte ihn, wie schlimm es wäre, bekam jedoch keine Antwort, und so blieben das Ausmaß der Verletzung oder warum an meinem Unterarm geschnitten wurde, die brennenden Fragen in mir.

Auf der Krankenstation

Meine Zelle in der Krankenabteilung des Gefängnisses Naumburg hatte acht Betten. Mein Bett befand sich gleich links neben der Tür. Am ersten Tag war ich allein in dieser Zelle. Die Schmerzen waren schlimm, doch es hieß, sie auszuhalten, denn Schmerzmittel bekam ich nicht. Nur wenn ich die Hand nach oben hielt, war es erträglich. Die gesamte linke Hand und der Unterarm waren verbunden, und so mußte ich bis zum Verbandswechsel warten, um das Ausmaß der Verstümmelung zu erfahren. Ich fragte den Sanitäter, einen Angestellten der Haftanstalt, nach dem Grund für die Narbe an meinem Unterarm und er erklärte mir, der Chirurg hätte dort Haut für die Fingerkuppen entnommen. Mehr wußte er auch nicht.

Es war schwer, nur mit der rechten Hand zurechtzukommen. Ich lag auf dem Bett und starrte an die Decke. Die verletzten Finger pochten zusammen mit dem Herzschlag und mit der Zeit wurde der Schmerz immer unerträglicher.

Naumburg, den 10. Juni 1977

Liebe Eltern!

Vielen Dank für Euren Brief. Auch über Silkes Zeilen habe ich mich sehr gefreut.

Auf dem Besucherplan steht, daß mein nächster Sprecher (so hieß im Gefängnis die Besuchszeit) *am 22. Juni ist. Stand das nicht auf dem Besucherschein? Ihr könnt Euch ja mal erkundigen. Ruft doch bitte dort einmal an, denn ich lege sehr viel Wert darauf, daß Ihr kommt.*

Ihr fragt in Eurem Brief, wie es mir geht. Ich bin am 9. Juni mit dem linken Zeigefinger und dem Daumen in eine Stanze gekommen. Es ist schlimm ausgegangen. Die Fingerkuppe, also das oberste Glied vom Zeigefinger, wurde abgetrennt. Was mit dem Daumen ist, weiß ich noch nicht. Bekommt also keinen Schreck, wenn Ihr kommt. Sagt bitte Oma nichts davon, denn sonst würde sie sich noch mehr aufregen!

Könnt Ihr mir zum nächsten Sprecher einen Kugelschreiber und ein Nagelbesteck mitbringen? Ich brauche es dringend. Die Pakete habe ich beide dankend erhalten. Es tut mir leid, daß die Tomaten und Bohnen erfroren sind. Ich habe auch noch einen Garten. Bitte bestellt ihn ab. Die Zeit um zu bezahlen wäre jetzt dran. Es ist in der Salzwedeler Straße hinter Schuster Heise. Es ist ein neues Haus. Damals hatte es noch ein grünes Tor.

Ihr fragt, ob ich Geld brauche. Nein, ich komme so zurecht.

Es freut mich, daß Ihr jetzt eine Tiefkühltruhe habt. Wie weit ist der Bau? Könnt Ihr bald einziehen?

So, ich muß schließen, denn die Schmerzen sind so groß, daß ich kaum schreiben kann.

Schreibt bald!

Viele liebe Grüße von
Eurem Michael

Liebe Silke!

Vielen Dank für Deine beiden Briefe! Ich habe mich natürlich sehr gefreut. Es freut mich, daß es Dir wieder gutgeht. Hoffentlich wird es bald wärmer, damit Du draußen Federball spielen kannst. Wie heißt eigentlich Dein kleines Kaninchen? Wie sehen die Kleinen aus? Paß gut auf sie auf und suche viel Gras für sie. Gehst Du schon wieder in die Schule?

Schreib bald, denn ich freue mich immer sehr über Deine Post.

Dein Michael

Einen Tag später kamen zwei andere Gefangene in die Zelle, bis schließlich, wenige Tage später, alle acht Betten belegt waren.

Alle neuen Zimmergenossen waren im gleichen Alter wie ich. Sie halfen mir, die Schuhe zuzubinden, oder wenn ich sonst irgendwelche Hilfe brauchte, denn Schwestern oder Pfleger gab es auf der Krankenstation nicht. Nur ein Sanitäter oder Militärarzt kam täglich in die Zelle. Den Rest des Tages waren wir, sieht man von der Zuteilung der Mahlzeiten einmal ab, uns selbst überlassen.

Die Tage auf der Krankenstation waren weitaus angenehmer, als im normalen Vollzug. Es war daher verständlich, wenn einige Gefangene versuchten, ihre Krankheit so lange wie möglich hinauszuzögern. Ein Zimmergenosse schnitt sich in den Finger und mischte etwas Blut in seine Urinprobe. Doch es half nichts, er mußte wieder zur Arbeit.

Die Tage vergingen, und bei jedem Verbandswechsel sah ich deutlicher, was die Stanze angerichtet hatte. Der Zeigefinger war bis zur Nagelwurzel abgetrennt. Der Daumen hatte nicht so viel abbekommen, wie es am Tag des Unfalls den Anschein hatte. Er mußte bei der Operation lediglich genäht werden. Später sagte mir der Haftarzt, mein Fingernagel am beschädigten Zeigefinger würde irgendwann wieder wachsen. Allerdings würde sich der Nagel um die Fingerkuppe legen. Später bestätigte sich seine Aussage.

Naumburg, den 17. Juni 1977

Liebe Eltern!

Vielen Dank für Euren Brief. Ich kann mir vorstellen, daß ihr über den Unfall erschrocken ward. Wie es passierte, erzähle ich Euch später. Die Schmerzen sind, ausgenommen wenn der Verband gewechselt wird, zu ertragen. Dem Daumen ist nicht ganz so viel passiert.

Es freut mich, daß ich am 24. Juni Besuch von Euch bekomme. Hoffentlich klappt auch alles. Einen besonderen Wunsch habe ich nicht. Höchstens Schreibpapier und einen Kugelschreiber. Ich schreibe hier nur mit der Mine.

Habt Ihr Euch nach meinem Garten erkundigt? Er muß unbedingt abgemeldet werden.

Ich hätte nicht gedacht, daß es mit dem Bau noch so lange dauert. Ich habe geglaubt, daß Ihr schon im August spätestens einziehen könnt. Wie geht es Kater Moritz? Ist er noch zu Hause?

Silke wird bestimmt froh sein, daß sie nicht in den Hort gehen muß. Ich glaube doch, sie geht lieber zu Oma.

Liebe Mutti! Wenn Du zum Sprecher kommst, dann bring mir doch bitte ein paar Skatkarten mit. Ich hoffe, der Brief kommt noch rechtzeitig an.

Viele Grüße an Silke, Oma, Frau Illiger (bestellt Ihr bitte besten Dank für die Schokolade) und allen anderen!

Euer Michael

Ich konnte mit der verletzten Hand kaum etwas anfangen. Der Verband hinderte mich daran, auch die gesunden Finger vernünftig gebrauchen zu können.

Einmal wachte ich mitten in der Nacht durch einen starken Schmerz im verletzten Zeigefinger auf. Dieser Schmerz ging mir durch Mark und Bein und wollte nicht nachlassen.

Ich hätte laut schreien mögen.

Im halbdunklen Raum sah ich mich nach der Ursache um. Ich war im Schlaf mit der verletzten Hand auf den Nachtschrank geschlagen, als ich mich im Bett umdrehte. Die Wunde blutete nun durch den Verband. Leise jammernd lief ich in der Zelle hin und her und war froh, daß meine Zellengenossen fest schliefen, denn im Augenblick wollte ich nichts hören und nichts sehen.

Ab dieser Zeit stellte ich abends den Nachtschrank etwas abseits vom Bett.

Wieder auf Arbeit

Nach zwei Wochen trug ich den Verband nur noch um Zeigefinger und Daumen. Dadurch war ich etwas selbständiger, aber der Schorf bewies, daß die Wunden noch nicht vollständig abgeheilt waren. Auch die Fäden wurden noch nicht gezogen. Doch der Arzt schrieb mich wieder arbeitsfähig.

Ich protestierte, denn ich sah mich nicht in der Lage, in der Metallfabrik zu arbeiten. Noch immer schmerzte es fürchterlich, wenn ich mit dem verletzten Fingern irgendwo anstieß. Dennoch half aller Protest nichts, ich wurde wieder zur Arbeit geschickt.

Diesmal allerdings in einer anderen Halle der Möbelfabrik. Die Stanze, an der ich meinen Unfall hatte, sah ich nie wieder.

Auf der Arbeitsstelle waren die »Meister« über die Entscheidung des Arztes verwundert. Sie konnten mich, solange ich nur mit einem Arm arbeiten konnte, nirgends einsetzen. So schickten sie mich zurück zur Krankenstation, wo ich noch weitere zwei Wochen, bis zum
08. Juli 1977, blieb.

Betriebsschule Lubmin
VEB BMK Kohle und Energie
Kombinatsbetrieb Industriebau KKW Lubmin
Zentrales Jugendobjekt (03)
- Betriebsschule -
2205 Lubmin 1, Freester Straße

Frau
Ingeburg Barth
358 Klötze
Oebisfelder Str. 44

01.07.1977

Werte Frau Barth!

Bezugnehmend auf Ihren Brief vom 06.06.1977 möchte ich Ihnen mitteilen, daß nach Rücksprache mit den Kaderverantwortlichen unseres Betriebes und der Abt. Sicherheit unserer Baustelle eine Fortführung der Lehre Ihres Sohnes Michael in unserem Betrieb nicht möglich ist.

Betreffs des Tonbandes sowie der Werkzeuge wurde vom Lehrmeister bzw. von den Lehrlingen des Aktivs 114 ausgesagt, daß Michael diese Gegenstände mit zu seiner Großmutter genommen hat.

Mit freundlichem Gruß
(Unterschrift)
Broszeit
Lehrobermeister

In der Zwischenzeit besuchte mich meine Mutter. Während des Besuches konnte ich Ihr den Ablauf des Unfalles schildern. Erst Jahrzehnte später, als meine Mutter das Manuskript dieses Buches las, erfuhr ich von ihr, daß mein damaliger »Erzieher« ihr noch vor diesem Besuch erzählte, ich hätte den Unfall mutwillig verursacht.

Nach der Ablehnung des KKW Lubmin, mich weiter zu beschäftigen, kümmerten sich meine Eltern um eine Arbeitsstelle, weil ich bis zu meiner Entlassung aus der Haft einen Arbeitsplatz vorzuweisen hatte. Das VE Baukombinat »Altmark« in Klötze war bereit, mich als Bauhilfsarbeiter einzustellen.

Naumburg, den 3. Juli 1977

Liebe Eltern!

Ich hoffe, liebe Mutti, daß Du gut nach Hause gekommen bist. Wie geht es Euch?

Wie war Silkes Zeugnis? Hat sie alles nachgeholt? Ich warte jeden Tag auf Post von ihr. Ist Oma noch im Urlaub? Ihr braucht Euch nicht um meinen Garten zu kümmern. Ich erledige das, wenn ich wieder zu Hause bin. Wenn Ihr es schon getan habt, ist es auch egal. Die fünf Monate können sie noch warten.

Der Arzt ist mit meinen Fingern zufrieden. Ich muß wahrscheinlich Mittwoch schon arbeiten gehen. Noch kann ich das oberste Glied des Zeigefingers nicht bewegen. Ich habe mich mit jemandem unterhalten, dem dasselbe vor Jahren passiert ist. Er sagte mir, daß das noch eine Weile dauern wird. Übrigens habe ich noch alle zehn Fingernägel.

Was ist mit Kater Moritz? Kommt er jetzt öfters nach Hause? Und was ist mit dem Kaninchen?

So, ich muß jetzt schließen, damit ich den Brief noch abgeben kann. Entschuldigt meine Schrift, es läßt sich hier schlecht schreiben.

Viele Grüße
Euer Michael

Auch nach diesen zwei Wochen fühlte ich mich durch meine Behinderung nicht in der Lage, nach Norm in der Metallfabrik zu arbeiten. Es fiel mir schon schwer, Arbeitskleidung anzuziehen, denn jedes Mal, wenn ich mit dem verletzten Fingern irgendwo gegen stieß, schmerzte es heftig. Die Wunden überdeckten lediglich Pflaster. Nur sehr vorsichtig konnte ich einen Arbeitshandschuh über die linke Hand ziehen.

Die meisten Arbeiten verrichtete ich allein mit der rechten Hand. Von der linken Hand benutzte ich nur den Mittel-, Ring- und kleinen Finger. Auf keinen Fall durfte Schmutz an die noch nicht völlig verheilten Wunden kommen, was bei der schmutzigen Arbeit in der Fabrikhalle nicht leicht zu bewerkstelligen war.

Am Ende des Arbeitstages waren mein linker Daumen und der Zeigefinger weitestgehend sauber, während die rechte Hand und drei Finger der linken Hand durch die Arbeit völlig verschmutzt waren.

Einen Monat später besuchte mich mein damaliger Stiefvater und teilte mir mit, daß es keine Strafaussetzung auf Bewährung geben wird und ich meine Haftstrafe bis zum letzten Tag absitzen müsse. Das überraschte mich nicht. Es paßte nicht ins Bild eines »sozialistischen Strafvollzugs«, wenn ich mit einer frischen Unfallverletzung entlassen worden wäre.

356 Salzwedel, den 28.7.1977

Kollegium der Rechtsanwälte im Bezirk Magdeburg
Zweigstelle Salzwedel
Westermarkstraße 3
Helmut Schernikau
Rechtsanwalt

Zugelassen bei den
staatlichen Vertragsgerichten

Frau
Ingeburg Barth
358 Klötze (Altm.)
Oebisfelder Str. 44

Sehr geehrte Frau Barth!

In der Strafsache gegen Ihren Sohn Michael Möhring hat mir der Herr Staatsanwalt des Kreises Klötze unter dem 26.07.1977 folgendes geschrieben:

»Bezugnehmend auf Ihre Anfrage vom 02.06.1977 teile ich Ihnen mit, daß kein Antrag auf Strafaussetzung auf Bewährung von mir gestellt wird.

Nach Einschätzung der Strafvollzugsanstalt wurde bei M. der Strafzweck bisher nicht erreicht. Seine Arbeitsleistungen liegen unter dem Durchschnitt. In geführten Erziehungsgesprächen zeigt er sich uneinsichtig und ist in keiner Weise gewillt, Lehren anzunehmen.«

Ich bedauere, daß kein besseres Ergebnis erzielt werden konnte.

In der Anlage füge ich die weitere Kostenrechnung bei und bitte um gefällige Begleichung.

Hochachtungsvoll
(Unterschrift)
Rechtsanwalt

Kostenrechnung
./. Möhring – S 12/77

Gebühr § 68 RGO für Anregung wegen bedingter Strafaussetzung

25,-- M
Porto- und Telefonauslagen

2,10 M
Umsatzsteuer von 27,10 M
-,81 M

Sa.: 27,91 M
Codierter Zahlungsgrund: 342 – 477

Konto: 3004-34-52

Salzwedel, den 28.07.1977
(Unterschrift)
Rechtsanwalt

Nach einer Woche in der Möbelfabrik, wo ich aufgrund meiner Beeinträchtigung nur mit Botengängen, dem Fegen der Werkshalle und dem Reinigen der Waschräume und Toiletten beschäftigt war, wurde eine Stelle in der Schweißerei frei. Da ich für das Schweißen hauptsächlich die rechte Hand brauchte, meldete ich mich für diese Arbeit, außerdem war ich in der Schweißerkabine, die aus vier schmutzigen Planen, die nach allen Seiten als Vorhänge dienten, weitestgehend allein für mich.

Bis zu diesem Zeitpunkt hatte ich noch nie an einem Schweißgerät gearbeitet, ja noch nicht einmal eins in der Hand gehabt. Doch danach fragte zum Glück niemand. Es reichte dem »Meister«, als ich ihm versicherte, daß ich es kann.

Als Schweißer mußte ich zwei Metallteile, welche später als Bein für einen Drehsessel dienten, zusammenschweißen. Beide Teile wurden eingespannt, dann wurde die Schweißnaht gezogen. Ein anderer Häftling zeigte mir die nötigen Arbeitsschritte.

Auch hier mußte alles in größter Eile geschehen. Nach drei Tagen Einarbeitungszeit sollte ich die Arbeitsnorm schaffen. Mit den drei gesunden Fingern und dem Handballen der linken Hand hielt ich die Schutzmaske, mit der rechten Hand das Schweißgerät.

Der Gefangene, der mich einwies, merkte sofort, daß ich noch nie in meinem Leben geschweißt hatte. Es war ihm egal und er zeigte mir, worauf ich zu achten hatte.

Anfangs erschrak ich über die Wucht des Schweißgerätes, das wild Funken spie. Es dauerte nicht lange, da gelang es mir immer besser. Doch um als Schweißer die Arbeitsnorm zu schaffen, reichte es bei Weitem nicht, denn durch meine Behinderung konnte ich die zu schweißenden Teile nicht so schnell wechseln, wie es nötig gewesen wäre. Und kleine Betrügereien, wie damals bei den Stanzen, waren hier nicht möglich.

Nachdem ich arbeitsmäßig in der Schweißerei nicht vorankam, wurde ich wieder zu Botengängen und Reinigungsarbeiten verpflichtet. Nach einigen Tagen bestand ich auf eine andere Arbeit. Ich wollte nicht immer nur putzen, und um eine Norm schaffen zu können, brauchte ich zwei gesunde Hände. Außerdem hatte ich die ständigen Schmerzen satt, wenn ich die Arbeitshandschuhe überzog oder mit der linken Hand versehentlich irgendwo gegen stieß, und mit der nicht völlig verheilten Hand war es schwierig, meine Hände nach getaner Arbeit sauber zu bekommen.

Im Haus des Strafvollzugs gab es eine kleine Abteilung mit leichterer Arbeit ohne Norm. Ich verlangte nach dem Ende der Schicht den »Erzieher« zu sprechen und wurde zu ihm vorgelassen. Ich erklärte ihm die Situation und bat um die Versetzung in die Abteilung in der Haftanstalt. Er lehnte es ab.

»Dann werde ich die Arbeit verweigern!«, warf ich ihm an den Kopf.

»Sie wissen, daß Sie dann mit Arrest bestraft werden?«

»Das ist mir egal. In Arrest stoße ich mir jedenfalls nicht immer gegen die Finger. Noch immer tut es höllisch weh, wenn das passiert.«

Er sah wichtigtuerisch auf die Papiere vor sich, die allerdings nichts mit unserem Gespräch zu tun hatten. »Gehen Sie zurück in Ihre Zelle!«

»Strafgefangener Möhring meldet sich ab«, brabbelte ich meinen Pflichttext runter, verließ seinen Raum, war wütend über seine Entscheidung, aber glücklich, gekontert zu haben.

Einige Stunden später öffnete ein Wärter die Zellentür: »Strafgefangener Möhring, packen Sie Ihre Sachen!« Ich hatte mich also doch durchgesetzt.

Um auf meiner neuen Arbeitsstelle in der Haftanstalt arbeiten zu können, wurde ich in einen anderen Teil des Gefängnisses verlegt. Mir war alles recht, solange es nur nicht zurück in die Möbelfabrik ging.

Auf dem neuen Arbeitsplatz hieß es, goldfarbene Namenszüge auf Plastikkämme zu pressen oder Kämme in dünnes Packpapier einzuwickeln. Diese Arbeit war wesentlich schmerzfreier für mich und die Tage vergingen nun etwas schneller. In dieser »Kamm-Abteilung« arbeiteten meist Gefangene, die schon älter waren oder wegen irgendwelcher körperlichen Gebrechen keine schwere Arbeit verrichten konnten.

Da die Fenster der Arbeitszelle zur Straße zeigten, waren sie verblendet. Nur wenn wir hoch oben auf die Regale kletterten, konnten wir hinaussehen. Dort sahen wir wenige Meter entfernt die Mauer, die das Gefängnis umschloß, dahinter eine kleine Straße mit Einfamilienhäusern. Oft fragte ich mich, was die Bewohner dort wohl über das Gefängnis dachten.

Hin und wieder traf ich beim Hofgang Gefangene, die mit mir in der Möbelfabrik gearbeitet hatten. Einer von ihnen erzählte mir, die Gefängnisleitung denke darüber nach, mir ein neues Strafverfahren anzuhängen, weil ich mich mutwillig selbst verstümmelt hätte. Nicht nur mir selbst hätte ich damit Schaden zugefügt, sondern auch den »sozialistischen Arbeitsprozeß« behindert und sabotiert.

Obwohl diese Anschuldigung laut Akten tatsächlich existiert, wurde nie Klage gegen mich erhoben. Ich hörte nie wieder etwas von dieser Sache. Weiter erzählte man mir, daß an der Stanze unmittelbar nach meinem Unfall Sicherheitsvorkehrungen angebracht wurden. Die Schuld des Betriebes wurde somit vertuscht.

Ich verdiente auf meiner neuen Arbeitsstelle weniger als in der Möbelfabrik, aber das war mir egal. Der Lohn war ohnehin so gering, daß es kaum auffiel.

Viele Gefangene, die in der Möbelproduktion arbeiteten, hätten gern mit mir getauscht. Die Arbeit war leicht, sauber und ohne den ohrenbetäubenden Krach, wie er in der Möbelfabrik vorherrschte. Alles lief ruhig und gesittet ab. Es gab zwischen den Häftlingen weder Streit noch andere Konflikte.

Dort arbeitete ich bis zur Haftentlassung.

Alpträume

Je näher der Dezember rückte, desto langsamer vergingen die Wochen. Ein neuer Antrag auf Bewährung wurde nicht mehr gestellt. Ich wollte es nicht und hatte mich damit abgefunden, die volle Strafe abzusitzen.

Mitte November besuchten mich meine Eltern das letzte Mal. Mit einem Kugelschreiber hatte ich bereits die Buchstaben »EK« (Entlassungskandidat) auf die gelben Streifen meiner Häftlingskleidung geschrieben und darunter die Anzahl der Tage bis zur Entlassung. Zwar war das nicht erlaubt, doch die Wärter interessierten sich kaum dafür, und nach der nächsten Wäsche war ohnehin alles wieder herausgewaschen.

Ich war froh, nach meiner Haftentlassung nicht zurück nach Greifswald zu müssen. An die Zeit dort hatte ich keine gute Erinnerung.

Jedoch wechselte häufig meine Stimmung, wenn ich an die Zukunft dachte. An manchen Tagen wollte ich das Fach Literatur nachholen, um den Abschluß der 10. Klasse zu bekommen, an anderen Tagen verwarf ich diese Idee wieder. Es hätte bedeutet, noch länger in der DDR bleiben zu müssen. Nach all dem, was ich erlebt hatte, wollte ich der DDR so schnell wie möglich den Rücken kehren. Um wieder einen klaren Kopf zu bekommen, beschloß ich, erst einmal die Entlassung abzuwarten. Alles Weitere würde sich dann finden.

Bis zum letzten Tag hatte ich die Befürchtung, bei meiner Entlassung könnte etwas schiefgehen und meine Zeit im Gefängnis würde sich aus irgendeinem Grund verlängern.

Es gab Fälle, wo kurz vor der Entlassung ein neues Ermittlungsverfahren eingeleitet wurde. Die Gründe dafür lagen meist darin, daß die Ermittlungsbehörden während der Haftzeit eine andere Straftat aufdeckten. Einmal erfand man auch einen neuen Straftatbestand, der die Strafe verlängern ließ. Darauf werde ich in einer Fortsetzung dieses Buches eingehen.

Zwar war all das bei mir nicht zu befürchten, doch ich konnte die Angst nicht abschütteln, so sehr ich es auch versuchte.

Noch heute, vier Jahrzehnte später und weit weg von dem Gebiet der ehemaligen DDR, treten diese Ängste in Träumen noch immer auf. Ich träume davon, mein Entlassungstermin wird nicht beachtet und ich bleibe ohne jeden Grund weiter im Gefängnis. Alle diesbezüglichen Nachfragen werden nicht beantwortet. Immer wieder rechne ich nach, ob der Entlassungstermin stimmt. Doch jedes Mal komme ich auf dasselbe Ergebnis: Ich hätte bereits entlassen sein müssen. Doch warum war ich dann immer noch hinter hohen Mauern? Oder habe ich mich verrechnet? Oft stelle ich dann fest, daß ich gar nicht weiß, zu wie lange ich verurteilt wurde. Das verschlimmert den Alptraum noch. Der Haftalltag geht ganz normal weiter. Keinem interessiert es, ob ich noch eingesperrt war oder nicht. Ich weiß nicht, wie es weitergehen soll und ob ich überhaupt jemals entlassen werde.

In anderen Träumen darf ich nicht zurück in meine jetzige Heimatstadt, weil sie im Westen Deutschlands liegt. Alle meine Argumente, ich hätte dort eine Familie, die nicht weiß, wo ich bin und auf mich wartet, werden nicht akzeptiert. Wieder bleibt mir nur die Möglichkeit, einen Antrag auf Ausreise zu stellen. Bis zur Bearbeitung müßte ich in der DDR bleiben und es ist ungewiß, ob dieser Antrag jemals bewilligt wird. Meist stellt sich im Traum heraus, daß ich nicht wieder zurück nach Hause darf und ich sehe, wie meine Ehe zerbricht, weil meine Familie nicht weiß, wo ich bin und keine Hoffnung hat, mich wiederzusehen. Ich kann hinter den Mauern nichts dagegen tun. Zu gern hätte ich ihnen mitgeteilt, wo ich mich befinde, doch jede Kontaktaufnahme ist verboten.

Bei derartigen Träumen bin ich jedes Mal froh, wenn ich aufwache. Ich glaube, sie werden wohl niemals verschwinden, egal, wieviel Zeit noch vergehen wird.

Entlassung aus Naumburg

Doch die Entlassung kam und es gab keine Zwischenfälle.

Der Wärter der Effektenkammer sah meinen Anorak nicht als ausreichend genug gegen die Kälte an und so borgte mir die Vollzugsanstalt Naumburg einen alten Armeemantel, der nicht als Sträflingskleidung gekennzeichnet war.

Meine Mutter holte mich am Tag der Entlassung mit dem Auto eines Arbeitskollegen ab und hatte für mich eine warme Jacke dabei. Ich zog mich um und brachte den Armeemantel zurück ins Gefängnis. Auf dem Weg zurück zur Torwache fiel mir ein Satz ein, den ich oft von Gefangenen hörte. Er besagte, daß sich ein Gefangener nie bei der Haftentlassung umdrehen soll. *Denn wenn man das tut, kehrt man irgendwann ins Gefängnis zurück.*

Doch diesen Gedanken verwarf ich schnell wieder. Die neu gewonnene Freiheit überwältigte mich, und so blieb kein Platz für Aberglaube.

Es war seltsam, sich wieder frei bewegen zu können. Ich konnte stehenbleiben, ohne ermahnt zu werden, konnte über die Straße oder in ein Geschäft gehen, ohne daß es dazu einer Genehmigung bedurfte. Keiner wird mir nun abends das Licht ausmachen, wenn ich eigentlich noch lesen wollte, niemand schreibt mir jetzt die Fernsehsendungen vor, und endlich konnte ich wieder normale Kleidung tragen, einen Bart oder die Haare so lang, wie ich es wollte.

Wer eine lange Zeit auf derartige Dinge verzichten mußte, entwickelt dafür einen besonderen Sinn.

Entlassungsschein

Herr ~~Frau~~ ~~Fräulein~~ Möhring, Michael geb. am 8.12.1958

wurde am 6. Dezember 1977

aus der Strafvollzugseinrichtung Naumburg

nach Klötze, Oebisfelder Straße 44 entlassen.

Dieser Entlassungsschein gilt bis 7. Dezember 1977 **als Legitimation.**

Obengenannter befand sich seit 7.12.1976 ~~In Untersuchungshaft/~~

im Strafvollzug.

Pfändungs- und Überweisungsbeschluß liegt — nicht — vor.

Eigengeld in Höhe von -238,07 M ~~und Fahrkarte~~ erhalten.

Personalausweis an VPKA Klötze

am 9.12.1976 gesandt.

Unterschrift
Oberstleutnant d.SV

Torwache passiert am 06.12.77, 9 45 Uhr

Entlassungsschein

Herr Michael Möhring, geb. am 08.12.1958
wurde am 06. Dezember 1977
aus der Strafvollzugseinrichtung Naumburg
nach Klötze, Oebisfelder Straße 44 entlassen.

Dieser Entlassungsschein gilt bis 07. Dezember 1977 als Legitimation.

Obengenannter befand sich seit 07.12.1976 im Strafvollzug.

Pfändungs- und Überweisungsbeschluß liegt nicht vor.

Eigengeld in Höhe von 238,07 M erhalten.

Personalausweis an VPKA[12] *Klötze am 09.12.1976 gesandt.*

Torwache passiert am 06.12.1977, 9.45 Uhr.

(Unterschrift)
Oberstleutnant d. SV

Ein Jahr mag für viele eine relativ kurze Zeit sein, und eigentlich ist es das auch, aber das gilt nicht für Zeiten im Gefängnis. Den größten Teil der Zeit verbringt man damit zu warten und die Tage und Stunden bis zur Entlassung zu zählen. Wer einmal bei einem Arzt oder einer Behörde einen Termin hatte, und mußte eine oder zwei Stunden warten, weiß, wie lang sich Zeit hinziehen kann. Im Gefängnis wartet man Stunde um Stunde und weiß genau, daß der folgende Tag nicht anders sein wird.

Oft kommen im normalen Leben freitags wichtige Briefe, und man ist ärgerlich, daß man das ganze Wochenende warten muß, um gewisse Dinge regeln zu können. Hier hat man allerdings die Gewißheit, schon in den nächsten Tagen etwas klären zu können. Und man konnte es selbst tun, indem man die betreffende Stelle aufsucht oder dort anruft. In

[12] Volkspolizei Kreisamt

Gefängnissen der DDR konnte man das erst nach der Entlassung wieder tun. Die übrige Zeit konnte man nur hoffen, daß andere wenigstens bei den gröbsten Schwierigkeiten helfen können.

Stellen Sie sich, lieber Leser, vor, man sitzt im Gefängnis und es ist beispielsweise April. Man weiß nicht, wie man die Tage schaffen soll und weiß doch, daß man noch das gesamte nächste Jahr im Gefängnis sein muß, ja, vielleicht noch das gesamte Jahr darauf. Solche Gewißheit ist ungeheuer bedrückend.

So unterschiedlich, wie die Menschen sind, so unterschiedlich empfindet jeder auch die Haftzeit. Manch einem macht es nur wenig aus, andere kommen irgendwie damit klar und wieder andere, zu denen zähle ich mich, für die ist es der blanke Horror.

Es wäre vielleicht etwas anderes gewesen, wenn ich irgend jemandem mit meiner Tat großen Schaden zugefügt und ich ihn so geschädigt hätte. Ich hätte dann eine Schuld abgetragen. Unschuldig im Gefängnis zu sitzen, verschärfte meine Haftzeit noch.

Wie viele Leute wurden schon hingerichtet, obwohl sie unschuldig waren, und es gab nichts, was sie tun konnten, weil sie auf die Hilfe anderer hoffen mußten, da sie ja eingesperrt waren und zum Nichtstun verurteilt waren.

Zu dieser Zeit wurde mir das erste Mal in meinem Leben klar, daß es in Freiheit nur wenig gibt, was wirklich wichtig ist. Oft muß man unbedingt dieses oder jenes erledigen. Doch das Gefängnis zeigte mir, daß es durchaus im Leben weitergeht, wenn man nicht mehr da ist. Die Welt dreht sich weiter, ohne daß man selbst daran teilnimmt oder teilnehmen kann.

Rehabilitierung

Nach dem Fall der DDR wurde ich rehabilitiert. Nachfolgend der Beschluß des Gerichtes. Einige Abschnitte des Beschlusses wurden entfernt, um dem Leser nicht die Spannung auf das folgende Buch zu nehmen.

Landgericht Magdeburg
5. Kammer für Rehabilitierungsverfahren
Aktenzeichen: Reh. 880/91

B e s c h l u ß

In dem Rehabilitierungsverfahren

des Herrn Michael M ö h r i n g,
geboren am 8. Dezember 1958 in Wittenberg,
wohnhaft in XXX

Betroffenen und Antragsteller,

hat die 5. Kammer für Rehabilitierungsverfahren des Landgerichts Magdeburg durch den Vorsitzenden Richter am Landgericht Otterbein, den Vorsitzenden Richter am Landgericht Bergmann und den Richter am Landgericht Bunnemann am 26. Oktober 1992 in Oldenburg beschlossen:

Die Urteile des Kreisgerichts Klötze vom 12. April 1977 (S 12/77) in Verbindung mit dem Berufungsurteil des Bezirksgerichts Magdeburg vom 10. Mai 1977 (I BSB 218/77) [...] *werden aufgehoben, soweit sie den Antragsteller betreffen.*

Der Betroffene wird rehabilitiert.

Die auf die Verurteilung bezogenen Eintragungen im Strafregister werden getilgt.

Der Betroffene hat Anspruch auf soziale Ausgleichszahlungen für die Nachteile, die ihm durch die Freiheitsentziehung vom 7. Dezember 1976 bis 6. Dezember 1977 [...] *entstanden sind.*

Die Entscheidung ergeht gerichtsgebührenfrei.

Die Landkasse trägt die notwendigen Auslagen des Antragstellers.

G r ü n d e

Der Betroffene wurde am 12. April 1977 durch das obengenannte Gericht in Verbindung mit dem Berufungsurteil des Bezirksgerichts Magdeburg vom 10. Mai 1977 wegen versuchten schweren ungesetzlichen [...] *zu einer Freiheitsstrafe von einem* [...] *verurteilt.*

Er befand sich deswegen vom 7. Dezember 1976 bis 6. Dezember 1977 [...] *in Haft.* [...]

[...]

Mit seinem Antrag begehrt er Rehabilitierung.

Die Staatsanwaltschaft Magdeburg ist dem Antrag auf Rehabilitierung beigetreten.

Wegen des der Verurteilung zugrundeliegenden Sachverhalts wird auf das vorgenannte Urteil Bezug genommen.

Der Antrag auf Rehabilitierung ist zulässig und begründet.

Der Betroffene war nach § 3 Rehabilitierungsgesetz vom 06.09.1990 in der Fassung der Vereinbarung zur Durchführung und Auslegung des Einigungsvertrages vom 18.09.1990 (GB1.I–DDR, S. 1459; BGB1. II, S. 1240) zu rehabilitieren, weil er wegen einer Handlung strafrechtlich verurteilt worden ist, mit der er seine ihm zustehenden verfassungsmäßigen politischen Grundrechte wahrgenommen hat.

Das ihn belastende Urteil war aufzuheben, sämtliche sich auf die Verurteilung beziehenden Strafregistereintragungen sind zu tilgen (§§ 4, 5 Abs. 2 des Rehabilitierungsgesetzes).

Für die erlittene Haftzeit stehen dem Betroffenen soziale Ausgleichsleistungen zu (§ 7 Abs. 2). Art und Umfang dieser Leistungen sowie das Verfahren zu ihrer Bewilligung richten sich – bis zum Erlaß einer eigenen gesetzlichen Regelung – nach den Bestimmungen des Häftlingshilfegesetzes (in der Fassung vom 04.02.1987 – BGB1. I, S. 512, zuletzt geändert durch Anlage I Kap. II Sachgebiet D Abschnitt II Nr. 2 des Einigungsvertrages vom 31.08.1990 in Verb. mit Art. 1 des Gesetzes vom 23.09.1990 – BGB1. II., S. 885, 919).

Bis zur Einrichtung von Entschädigungsämtern ist die Festsetzung bei dem für den Wohnsitz des Antragstellers für die Bearbeitung der Ansprüche nach dem Häftlingshilfegesetz zuständigen Amt der Gemeinde oder des Landkreises zu beantragen.

[…]

Die Kostenentscheidung beruht auf § 16 Rehabilitierungsgesetz.

(Es folgt die Rechtsmittelbelehrung.)

Wie ging es weiter?

Wird mit zwei Teilen fortgesetzt:

Teil 2

Michael Möhring

Torgau

nach wahren Begebenheiten

Inhalt:

Im Frühjahr 1978 werde ich im Wald von Soldaten des DDR-Grenzschutzes festgenommen. Obwohl sie mir nichts weiter als einen Waldspaziergang nachweisen konnten, kam ich hinter Schloß und Riegel. Monate später vor Gericht erlebten Staatsanwalt und Richter eine herbe Niederlage.

Allerdings konnten sie sich nur wenige Monate später dafür rächen.

Teil 3

Michael Möhring

Karl-Marx-Stadt

nach einer wahren Begebenheit

Inhalt:

Als im Jahr 1987 ein Antrag auf Ausreise aus der DDR gestellt wurde, setzte das Ministerium für Staatssicherheit all seine Hebel in Bewegung, um den Antragsteller irgendwie der Öffentlichkeit zu entreißen und hinter Gitter zu bekommen.

Doch der Antragsteller machte nichts Verbotenes, und so mußten zwei Wörter in diesem Antrag herhalten.

Das Ergebnis war nicht nur eine lange Gefängnisstrafe, sondern auch die Zerstörung zweier Leben.

Auszüge aus den Gesetzen der DDR

---

[i] **Beschwerde**

§ 305

Zulässigkeit

(1) Die Beschwerde ist gegen alle von den Gerichten in Verfahren erster Instanz erlassenen Beschlüsse zulässig, soweit das Gesetz sie nicht ausdrücklich einer Anfechtung entzieht.
(2) Auch Verteidiger, Zeugen, Sachverständige, Geschädigte und andere Personen können gegen Beschlüsse, durch welche sie betroffen werden, Beschwerde erheben.
(3) Beschlüsse des Gerichts, die in der Hauptverhandlung der Urteilsfällung vorausgehen, unterliegen nicht der Beschwerde. Ausgenommen sind Beschlüsse über Verhaftungen, Beschlagnahmen, Durchsuchungen, Arrestbefehle und Ordnungsstrafen sowie alle Entscheidungen, durch welche dritte Personen betroffen sind.

§ 306

Einlegung und Einlegungsfrist

(1) Die Beschwerde ist binnen einer Woche bei dem Gericht, von dem der angefochtene Beschluß erlassen ist, zu Protokoll der Rechtsantragsstelle oder schriftlich durch den Betroffenen oder einen Rechtsanwalt einzulegen.
(2) Die Frist läuft bei den in Anwesenheit des Beschwerdeführers verkündeten Beschlüssen von der Verkündung, in andren Fällen von der Zustellung ab.

(3) Hält das Gericht, dessen Beschluß angefochten wird, die Beschwerde für begründet, ist ihr stattzugeben; anderenfalls ist die Beschwerde innerhalb von drei Tagen dem Beschwerdegericht vorzulegen.

ii Rechtsmittel

§ 284

Rechtsmittel und Rechtsmittelberechtigte

(1) Für den Beschuldigten oder den Angeklagten kann auch der Verteidiger, jedoch nicht gegen seinen ausdrücklichen Willen, Rechtsmittel einlegen. Der Verteidiger eines jugendlichen Beschuldigten oder Angeklagten hat das Recht, selbständig Rechtsmittel einzulegen.
(2) Der gesetzliche Vertreter eines Beschuldigten oder Angeklagten sowie die Eltern oder sonstige Erziehungsberechtigten eines jugendlichen Beschuldigten oder Angeklagten können selbständig binnen der für den Beschuldigten oder Angeklagten geltenden Frist Rechtsmittel einlegen.

iii Durchsuchung und Beschlagnahme

Allgemeine Bestimmungen über die Hauptverhandlung

§ 121

Richterliche Bestätigung

Beschlagnahmen, Durchsuchungen, Überwachungen und Aufnahmen des Fernmeldeverkehrs sowie Arrestbefehle bedürfen der richterlichen Bestätigung. Die Bestätigung ist innerhalb von 48 Stunden einzuholen. Zuständig für diese Entscheidung ist das Kreisgericht oder das Prozeßgericht. Wird die Bestätigung rechtskräftig abgelehnt, sind die getroffenen Maßnahmen innerhalb weiterer 24 Stunden aufzuheben.

iv **Straftaten gegen die staatliche und öffentliche Ordnung**

§ 213

Ungesetzlicher Grenzübertritt

(1) Wer widerrechtlich in das Gebiet der Deutschen Demokratischen Republik eindringt oder sich darin widerrechtlich aufhält, gesetzlichen Bestimmungen oder auferlegte Beschränkungen über Ein- und Ausreise, Reisewege und Fristen oder den Aufenthalt nicht einhält oder wer durch falsche Angaben für sich oder einen anderen eine Genehmigung zum Betreten oder verlassen der Deutschen Demokratischen Republik erschleicht oder ohne staatliche Genehmigung das Gebiet der Deutschen Demokratischen Republik verläßt oder in dieses nicht zurückkehrt, wird mit Freiheitsstrafe bis zu zwei Jahren oder mit Verurteilung auf Bewährung, Haftstrafe, Geldstrafe oder öffentlichem Tadel bestraft.

(2) In schweren Fällen wird der Täter mit Freiheitsstrafe von einem Jahr bis zu fünf Jahren bestraft. Ein schwerer Fall liegt vor, wenn

1. die Tat durch Beschädigung von Grenzsicherungsanlagen oder Mitführen dazu geeigneter Werkzeuge oder Geräte oder Mitführen von Waffen oder durch die Anwendung gefährlicher Mittel oder Methoden durchgeführt wird;
2. die Tat durch Mißbrauch oder Fälschung von Ausweisen oder Grenzübertrittsdokumenten, durch Anwendung falscher derartiger Dokumente oder unter Ausnutzung eines Verstecks erfolgt:
3. die Tat von einer Gruppe begangen wird;
4. der Täter mehrfach die Tat begangen oder im Grenzgebiet versucht hat oder wegen ungesetzlichen Grenzübertritts bestraft ist.

(3) Vorbereitung und Versuch sind strafbar.

Anmerkung:
Zuwiderhandlungen gegen die gesetzlichen Bestimmungen oder auferlegte Beschränkungen über Ein- und Ausreise oder Aufenthalt können in leichten Fällen als Ordnungswidrigkeit verfolgt werden.

V Besonderheiten der strafrechtlichen Verantwortlichkeit Jugendlicher

§ 65

Strafrechtliche Verantwortlichkeit Jugendlicher

(1) Jugendliche sind unter Beachtung der besonderen Bestimmungen dieses Gesetzes strafrechtlich verantwortlich.
(2) Jugendlicher im Sinne der Strafgesetze ist, wer über vierzehn, aber noch nicht achtzehn Jahre alt ist.
(3) Bei der Feststellung und Verwirklichung der strafrechtlichen Verantwortlichkeit eines Jugendlichen sind seine entwicklungsbedingten Besonderheiten zu berücksichtigen und Maßnahmen einzuleiten, um die Erziehungsverhältnisse des Jugendlichen positiv zu gestalten und seine Persönlichkeitsentwicklung und sein Hineinwachsen in die gesellschaftliche Verantwortung wirksam zu unterstützen.

§ 66

Schuldfähigkeit

Die persönliche Voraussetzung für die strafrechtliche Verantwortlichkeit eines Jugendlichen (Schuldfähigkeit) ist in jedem Verfahren ausdrücklich festzustellen. Sie liegt vor, wenn der Jugendliche auf Grund des Entwicklungsstandes seiner Persönlichkeit fähig war, sich bei seiner Entscheidung zur Tat von den hierfür geltenden Regeln des gesellschaftlichen Zusammenlebens leiten zu lassen.

vi **Bemessung der Strafe**

§ 61

Grundsätze der Strafzumessung

(1) Bei der Strafzumessung hat das Gericht die Grundsätze der sozialistischen Gerechtigkeit zu verwirklichen.

(2) Art und Maß der Strafe sind innerhalb des gesetzlichen Strafrahmens unter der Berücksichtigung der objektiven und subjektiven Umstände der Tat, wie Art und Weise ihrer Begehung, ihrer Folgen, der Art und Schwere der Schuld des Täters, zu bestimmen. Dabei sind auch die Persönlichkeit des Täters, sein gesellschaftliches Verhalten vor und nach der Tat und die Ursachen und Bedingungen der Tat zu berücksichtigen, soweit diese über die Schwere der Tat und die Fähigkeit und Bereitschaft des Täters Aufschluß geben, künftig seiner Verantwortung gegenüber der sozialistischen Gesellschaft nachzukommen. Es ist insbesondere zu prüfen, inwieweit der Täter aus bereits erfolgten Bestrafungen richtige Lehren gezogen hat. Bei der Festsetzung der Strafe hat das Gericht sowohl die zugunsten als auch zuungunsten des Täters vorliegenden Umstände allseitig zu würdigen.

(3) Legt das verletzte Gesetz fest, daß bestimmt Umstände die strafrechtliche Verantwortlichkeit begründen, mindern oder erhöhen, darf das Vorliegen eines solchen Umstandes nicht noch strafmildernd oder straferschwerend berücksichtigt werden.

(4) Geht das Gesetz davon aus, daß bestimmte Umstände die strafrechtliche Verantwortlichkeit mindern, so ist dies bei der Strafzumessung innerhalb des Strafrahmens des verletzten Gesetzes zu berücksichtigen.

vii Aufenthaltsbeschränkung

§ 51

(1) Die Aufenthaltsbeschränkung kann zusätzlich zu einer Freiheitsstrafe und, wenn dadurch die Erreichung des Strafzweckes wesentlich gefördert und auf eine Bewährungszeit von zwei Jahren erkannt wird, auch zusätzlich zu einer Verurteilung auf Bewährung ausgesprochen werden. Ihre Anordnung setzt voraus, daß es zum Schutze der gesellschaftlichen Ordnung oder der Sicherheit der Bürger geboten ist, den Verurteilten von bestimmten Orten oder Gebieten fernzuhalten.

(2) Die Aufenthaltsbeschränkung soll dem Verurteilten durch die Beschränkung seiner Freizügigkeit die Gelegenheit zu Begehung weiterer Straftaten nehmen, die Fortsetzung seiner Beziehungen zu Personen, die einen schädlichen Einfluß auf ihn ausgeübt haben oder auf die er einen schädlichen Einfluß ausgeübt hat, verhindern und ihn in eine Umgebung bringen, die seiner kollektiven Erziehung und gesellschaftlichen Entwicklung dienlich ist.

(3) Die zuständigen staatlichen Organe sind auf Grund des Urteils berechtigt, den verurteilten zum Aufenthalt in Bestimmten Orten oder Gebieten zu verpflichten.

§ 52

(1) Durch die Aufenthaltsbeschränkung wird dem Verurteilten auf die Dauer von zwei bis fünf Jahren der Aufenthalt in bestimmten Orten oder Gebieten der Deutschen Demokratischen Republik untersagt. In Ausnahmefällen kann das Gericht die Aufenthaltsbeschränkung ohne eine Begrenzung ihrer Dauer aussprechen, wenn dies im Interesse der Aufrechterhaltung der öffentlichen Sicherheit und Ordnung in bestimmten Orten oder Gebieten erforderlich ist. Neben der Verurteilung auf Bewährung darf die Dauer der

Aufenthaltsbeschränkung die Bewährungszeit nicht überschreiten.

(2) Die Dauer der Aufenthaltsbeschränkung kann durch Beschluß des Gerichts nach Ablauf von mindestens einem Jahr verkürzt werden, wenn der Verurteilte sich während dieser Zeit verantwortungsbewußt verhalten und durch besondere Leistungen bewährt hat. Die örtlichen Organe der Staatsmacht, die gesellschaftlichen Organisationen und unter ihrer Mitwirkung die Kollektive der Werktätigen können entsprechende Anträge stellen.

(3) Entzieht sich ein zu Freiheitsstrafe Verurteilter der Aufenthaltsbeschränkung, wir er nach § 238 bestraft. Wurde zusätzlich zu einer Verurteilung auf Bewährung die Aufenthaltsbeschränkung ausgesprochen und entzieht sich der Verurteilte dieser hartnäckig, kann die im Urteil angedrohte Freiheitsstrafe vollzogen werden.

viii Auslagen des Verfahrens

§ 364

Auslagenpflicht des Verurteilten

(1) Die Auslagen des Verfahrens hat der Angeklagte insoweit zu tragen, als das Verfahren zu seiner Verurteilung geführt hat oder nach den Bestimmungen des Strafgesetzbuches von Maßnahmen der strafrechtlichen Verantwortlichkeit abgesehen wurde. Das gleiche gilt, soweit gerichtliche Entscheidungen zur Verwirklichung von Maßnahmen der strafrechtlichen Verantwortlichkeit auf Grund einer mündlichen Verhandlung zuungunsten des Verurteilten getroffen wurden.

(2) Im Verfahren gegen Jugendliche kann davon abgesehen werden, dem Angeklagten die Auslagen des Staatshaushalts aufzuerlegen.

(3) Die Auslagen des Staatshauhalts können im Verfahren gegen Jugendliche auch den Eltern oder sonstigen

Erziehungsberechtigten auferlegt werden. Gegen diese Entscheidung ist eine Beschwerde zulässig.

(4) Ist der Verurteilte nicht Bürger der Deutschen Demokratischen Republik und hat er keinen Wohnsitz oder gewöhnlichen Aufenthaltsort in der Deutschen Demokratischen Republik, können ihm auch die weiteren durch die Strafverfolgung einschließlich des Vollzuges der Untersuchungshaft und die Verwirklichung der erkannten Maßnahmen der strafrechtlichen Verantwortlichkeit entstandenen Auslagen auferlegt werden.

(5) Stirbt ein Verurteilter vor Eintritt der Rechtskraft des Urteils, haftet sein Nachlaß nicht für die Auslagen des Staatshaushalts.

§ 365

Mitangeklagte

Mitangeklagte, gegen die wegen derselben Tat auf Strafe erkannt oder nach den Bestimmungen des Strafgesetzbuches von Maßnahmen der strafrechtlichen Verantwortlichkeit abgesehen wird, haften für die Auslagen des Staatshaushaltes als Gesamtschuldner.

[ix] **Strafaussetzung auf Bewährung**

§ 45

(1) Das Gericht setzt den Vollzug einer zeitigen Freiheitsstrafe unter Auferlegung einer Bewährungszeit von einem Jahr bis zu fünf Jahren mit dem Ziel des Straferlasses aus, wenn unter Berücksichtigung der Umstände der Straftat, der Persönlichkeit des Verurteilten sowie seiner Entwicklung, insbesondere seiner Disziplin und seiner Arbeitsleistungen, der Zweck der Freiheitsstrafe erreicht ist.

(2) Kollektive der Werktätigen können die Bürgschaft für Verurteilte übernehmen. Sie haben das Recht, dem Gericht vorzuschlagen, den Vollzug einer erkannten Freiheitsstrafe

bedingt auszusetzen und die Verpflichtung zu übernehmen, die weitere Erziehung des Verurteilten zu gewährleisten. Ausnahmsweise können auch einzelne, zur Erziehung des Verurteilten befähigte und geeignete Bürger die Bürgschaft übernehmen.

(3) Zur Erhöhung der erzieherischen Wirkung der Strafaussetzung auf Bewährung kann das Gericht für eine bestimmte, die Bewährungszeit nicht übersteigende Dauer des Verurteilten verpflichten,

1. einen ihm zuzuweisenden Arbeitsplatz nicht zu wechseln und besonders in seiner Arbeit zu zeigen, daß er richtige Lehren aus seiner Tat und seiner Verurteilung gezogen hat;
2. den durch die Straftat angerichteten materiellen Schaden wieder gutzumachen;
3. sein Arbeitseinkommen und andere Einkünfte für Aufwendungen der Familie und Unterhaltsverpflichtungen sowie für weitere materielle Verpflichtungen zu verwenden und den dafür erteilten Auflagen gewissenhaft nachzukommen;
4. sich in bestimmten Orten oder Gebieten der Deutschen Demokratischen Republik nicht aufzuhalten sowie bestimmte Örtlichkeiten nicht zu besuchen und den für seinen Aufenthalt von den staatlichen Organen erteilten Auflagen strikt nachzukommen;
5. den Umgang mit bestimmten Personen zu unterlassen;
6. unbezahlte gemeinnützige Arbeit in der Freizeit bis zur Dauer von zehn Arbeitstagen zu verrichten;
7. sich einer fachärztlichen Behandlung zu unterziehen, soweit es zur Verhütung weiterer Rechtsverletzungen notwendig ist;
8. in bestimmten Abständen dem Gericht, dem Leiter oder dem Kollektiv über die Erfüllung der ihm mit der Strafaussetzung auf Bewährung auferlegten Pflichten zu berichten.

(1) Es kann ferner ein Kollektiv der Werktätigen mit dessen Einverständnis beauftragen, dem Verurteilten bei der Wiedereingliederung in das gesellschaftliche Leben, insbesondere in das Arbeitsleben, und in seinem Bemühen um

ein gesellschaftliche verantwortungsbewußtes Verhalten zu helfen und erzieherisch auf ihn einzuwirken.

(2) Die Strafaussetzung auf Bewährung ist zu widerrufen, wenn der Verurteilte während der Bewährungszeit eine vorsätzliche Straftat begeht, für die eine Strafe mit Freiheitsstrafe ausgesprochen wird.

(3) Die Strafaussetzung auf Bewährung kann widerrufen werden, wenn der Verurteilte während der Bewährungszeit durch undiszipliniertes Verhalten zum Ausdruck bringt, daß er keine Lehren aus der Verurteilung und dem bisherigen Strafvollzug gezogen hat, insbesondere wenn er

1. wegen einer fahrlässigen Straftat oder zu einer Geldstrafe verurteilt wird:
2. den Verpflichtungen des Absatzes 3 vorsätzlich zuwiderhandelt:
3. sich der erzieherischen Einwirkung des Kollektivs gemäß Absatz 4 entzieht.

x Strafaussetzung auf Bewährung

§ 349

(1) Das Gericht hat unter den Voraussetzungen des § 45 Absatz 1 des Strafgesetzbuches den Vollzug der Freiheitsstrafe auszusetzen.

(2) Beträgt die Freiheitsstrafe mehr als sechs Jahre, darf eine Aussetzung des Strafvollzugs erst erfolgen, wenn mindestens die Hälfte der Strafe vollzogen ist. Bei einem bereits mit Freiheitsentzug vorbestraften Verurteilten ist die Strafaussetzung nur zulässig, wenn er durch besonders beispielhaftes Verhalten gezeigt hat, daß er aus seiner Bestrafung die notwendigen Lehren gezogen hat.

(3) Zur Erhöhung der erzieherischen Wirkung der Strafaussetzung auf Bewährung kann das Gericht dem Verurteilten Verpflichtungen gemäß § 45 Absatz 3 des Strafgesetzbuches auferlegen. Es kann ferner ein Kollektiv der Werktätigen mit dessen Einverständnis beauftragen, dem Verurteilten bei der Wiedereingliederung in das gesellschaftliche Leben, insbesondere in das Arbeitsleben, und in seinem Bemühen um

ein gesellschaftlich verantwortungsbewußtes Verhalten zu helfen und erzieherisch auf ihn einzuwirken.

(4) Die Bewährungszeit ist auf mindestens ein Jahr und auf höchstens fünf Jahre zu bemessen. Dem Verurteilten auferlegte Verpflichtungen sind für eine bestimmte, die Bewährungszeit nicht übersteigende Dauer auszusprechen.

(5) Auf Zusatzstrafen finden diese Bestimmungen keine Anwendung.

(6) Nach Antritt der Strafe haben der Staatsanwalt und der Leiter der Strafvollzugseinrichtung laufend zu überprüfen, ob die Voraussetzungen für eine Strafaussetzung auf Bewährung eingetreten sind und gegebenenfalls entsprechende Anträge zu stellen.

(7) Kollektive der Werktätigen können dem Gericht vorschlagen, daß sie die Bürgschaft für die weitere Erziehung eines zur Freiheitsstrafe verurteilten Bürgers übernehmen, wenn unter Berücksichtigung der Umstände der Straftat, der Persönlichkeit des Verurteilten sowie seiner positiven Entwicklung im Strafvollzug zu erwarten ist, daß der Zweck der Freiheitsstrafe ohne ihren weiteren Vollzug mit Hilfe des Kollektivs erreicht ist. Ausnahmsweise können auch einzelne zur Erziehung des Verurteilten befähigte und geeignete Bürger die Bürgschaft übernehmen. Mit der Gewährung der Strafaussetzung auf Bewährung ist die Bürgschaft durch Beschluß zu bestätigen.

(8) Das Gericht kann zur Entscheidung über die Gewährung der Strafaussetzung auf Bewährung eine mündliche Verhandlung durchführen.

Printed in Poland
by Amazon Fulfillment
Poland Sp. z o.o., Wrocław

92024693R00071